I S T
E F I
E S T

SPORT
VERLAG
BERLIN

Danke, Steffi

Die unvergeßlichen Jahre der Königin des Centre Court

Texte: Rolf Hauschild, Hansjörg Falz

Fotos: Paul Zimmer

Sportverlag Berlin

Apollinaris
Apollinaris

inhalt

Pressekonferenz New York, USA

Steffi Graf nimmt Abschied

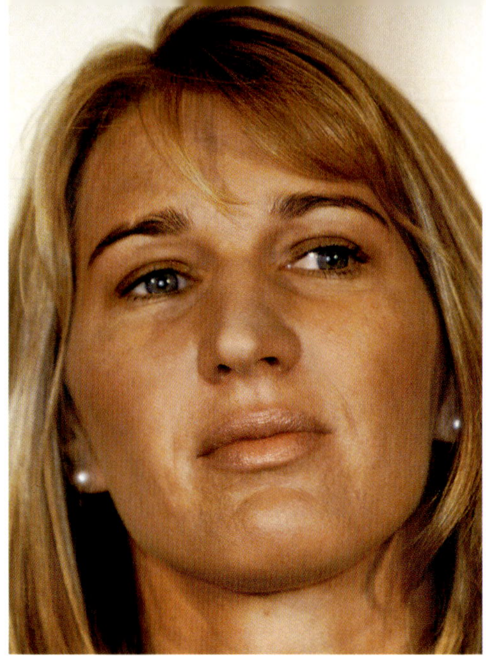

Eine außergewöhnliche Karriere hat im August 1999 ihr Ende gefunden. Nach 17 erlebnisreichen Jahren verabschiedet sich Steffi Graf von der Tour

Es war ausgerechnet Freitag der 13., als Steffi Graf im August 1999 in einem Hotel in Heidelberg mit wenigen Worten ihren Rücktritt vom Profitennis bekannt gab.

Zwei Wochen später war die Last dieses Augenblicks und seiner Bedeutung für ihr weiteres Leben spürbar von ihr abgefallen. Locker, lässig und neugierig auf andere Facetten des Daseins, stellte sie sich in New York der Weltpresse noch einmal zum Interview.

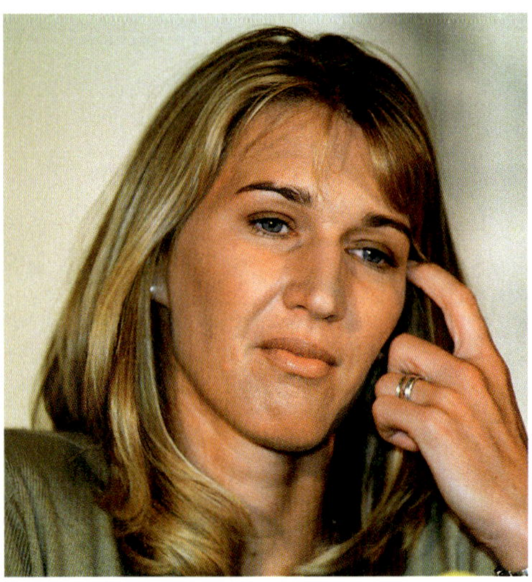

Steffi, warum haben Sie Ihre Karriere ausgerechnet zwischen Wimbledon und den US Open beendet?

Steffi Graf: »Ursprünglich wollte ich noch bis Ende des Jahres, oder ein bisschen weiter, spielen. Doch nach Wimbledon haben sich die Dinge plötzlich verschoben. Ich war ein wenig krank, ich sollte in New York einen Werbespot drehen und in Melbourne einen Schaukampf bestreiten. Irgendwie schien mir das alles zu viel. Darum bin ich schließlich noch zum Turnier nach San Diego geflogen, um herauszufinden, ob ich dieses Leben noch will. Dort erkannte ich, daß ich es nicht mehr will«.

Wäre es möglicherweise anders gekommen, wenn Sie nicht die French Open gewonnen und in Wimbledon das Finale erreicht hätten?

Steffi: »Ich denke, ja. Irgendwie war plötzlich die Motivation weg«.

Haben Sie denn vor den US Open, einem Ihrer Lieblingsturniere, nicht doch wieder ein wenig frische Motivation gespürt?

Steffi: »Nein, wirklich nicht. Ich habe in den letzten Wochen gerade zweimal kurz Tennis gespielt, einmal davon mit meiner Mutter. Ich bin sehr glücklich, so wie es jetzt ist. Mir ist eine Menge Druck genommen worden, und das tut gut«.

Welche Pläne haben Sie für Ihre Zukunft ohne Tennis?

Steffi: »Ich will mehr reisen als zu den Zeiten meiner Karriere. Ich werde mich intensiv um meine Stiftung für traumatisierte Kinder kümmern. Ich habe ein Trainingsprojekt mit talentierten Jugend-Spielerinnen. All' das und noch ein wenig mehr wird mich sehr beschäftigen. Vor allem meine weltweite Abschiedstour, die im Dezember in Südafrika beginnen soll«.

Welches war Ihre wichtigste Erfahrung auf der Profi-Tour?

Steffi: »Du machst so viele Erfahrungen, da ist es schwer, eine oder zwei besondere herauszupicken. Du lernst zu gewinnen, zu verlieren, wie das Leben im allgemeinen so läuft. Kurz: Du lernst, was für dich wichtig ist und was nicht«.

Was war der schönste Moment Ihrer Karriere?

Steffi: »Glücklicherweise habe ich viele schöne Momente erlebt. Zuletzt natürlich der Sieg bei den French Open im Frühjahr. Und früher zum Beispiel der Gewinn des Grand Slams in New York, oder mein erster Turniersieg in Hilton Head«.

Was glauben Sie: Welchen Meilenstein haben Sie im Damen-Tennis gesetzt?

Steffi: »Ich habe mich immer sehr für meinen Sport engagiert, ich habe immer alles für das Tennis gegeben. Dafür bin ich bekannt, und dafür möchte ich auch zukünftig in Erinnerung behalten werden«.

Welche Rolle spielt Ihr Zweitwohnsitz in Boca Raton in Ihrem neuen Leben?

Steffi: »Eine nicht unwichtige. Meine Mutter lebt dort, genau so wie mein Bruder mit seiner Familie. Allerdings ist es kein Ort, an dem ich meine Zukunft sehe. Ich habe immer gesagt, daß ich eine große Stadt brauche. Und ich brauche das Erleben der Jahreszeiten, ich sehne mich nach Herbst und Winter. Meine Heimat wird immer in Deutschland sein. Es ist gut möglich, daß ich mir noch einen Wohnsitz in den USA zulegen werde, aber nicht in Florida«.

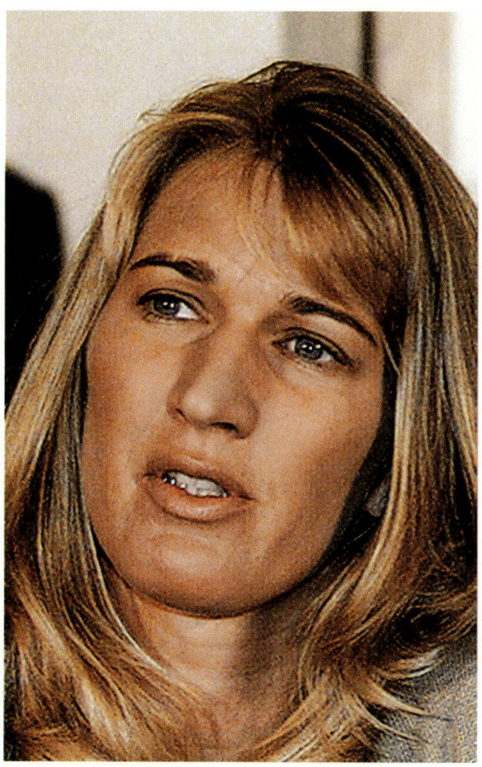

Können Sie sich vorstellen, einmal als Tennis-Trainer zu arbeiten?

Steffi: »Mich interessiert es, mit Jugendlichen zu arbeiten. Aber fest als Trainer mit einem Spieler auf die Tour gehen – niemals«.

Sie wurden aber schon als Teamchefin der deutschen Fed Cup Mannschaft gehandelt …

Steffi: »Da gab es Gespräche, aber das interessiert mich nicht wirklich«.

Wie sehr werden Sie nach Ihrer Meinung dem deutschen Tennis fehlen?

Steffi: »Ich schätze, sehr. Ich bin es ja nicht allein, außer mir haben mit Boris Becker und Michael Stich ebenfalls zwei herausragende Spieler ihre Laufbahn beendet. Und das wird dem Tennis in Deutschland sicherlich einige Probleme bereiten«.

Wie sehen Sie die aktuelle Lage an der Weltspitze nach Ihrem Rücktritt?

Steffi: »Das gute ist, daß es gleich ein paar starke Spielerinnen gibt. Martina Hingis machte zuletzt wieder einen sehr guten Eindruck, genau wie die Williams-Schwestern. Dazu ist auch Lindsay Davenport nicht zu unterschätzen«.

Welches war in der Vergangenheit Ihre stärkste Gegnerin?

Steffi: »Martina Navratilova, weil bei unseren Duellen immer zwei sehr unterschiedliche Stile aufeinander trafen«.

Haben Sie eigentlich einen ausgeprägten Mutterinstinkt?

Steffi: »Ich liebe Kinder sehr. Wir werden sehen, was passiert« …

Wilson
TOUR

adidas

adidas
adidas

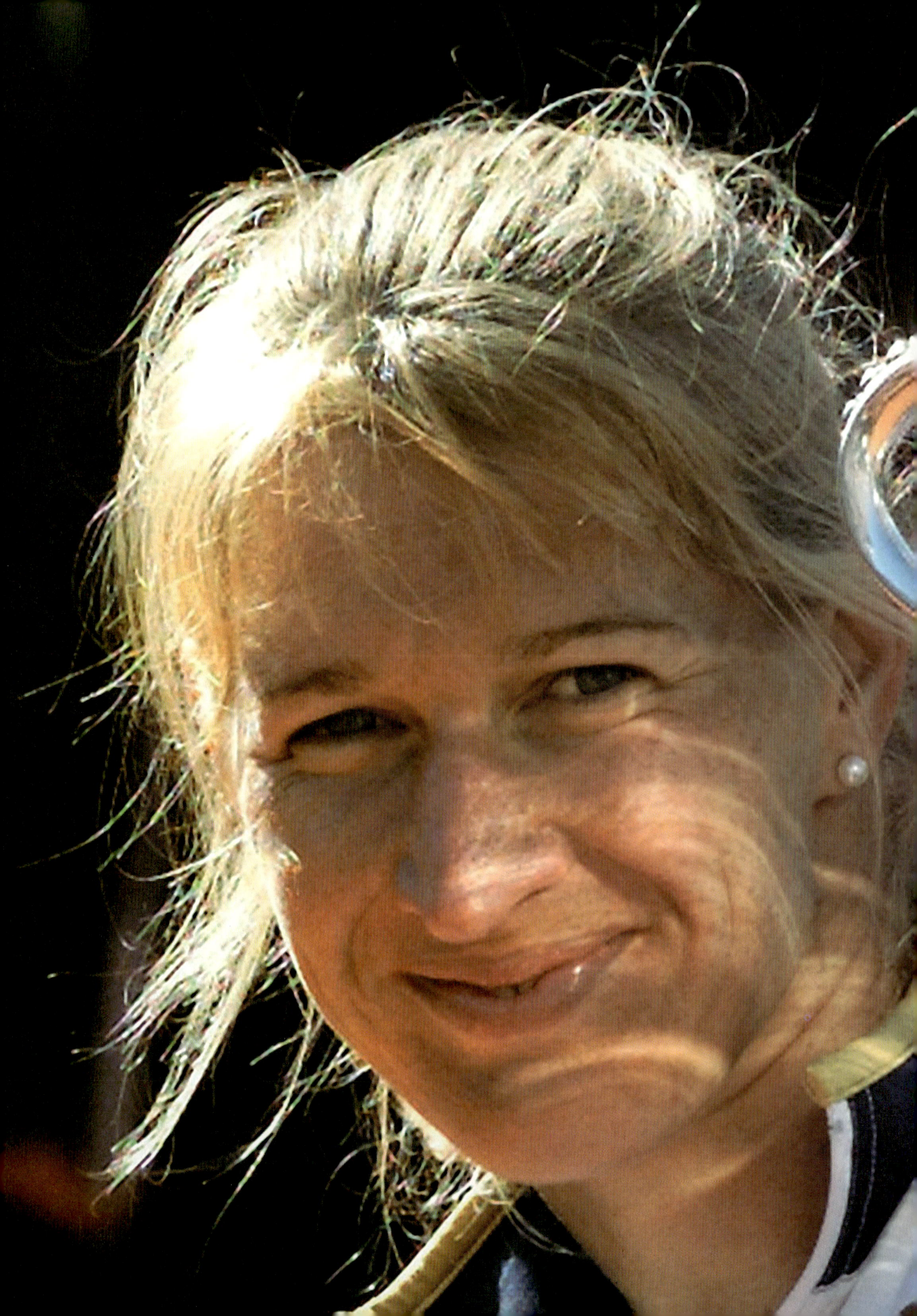

Die Vorgeschichte einer großen Karriere

Vanilleeis & Himbeeren

Court Nummer eins war das Wohnzimmer, das Spiel dauerte zwei bis drei Minuten – und immer bekam die kleine Steffi eine Belohnung. Die Schritte auf dem Weg in die Weltklasse

Der Spaß am Erfolg steht ihr ins Gesicht geschrieben. Steffi, fotografiert 1979

Am 14. Juni 1969, genau um 4.40 Uhr in der Früh, waren die ersten Schreie des Säuglings zu hören. Die Augen des Babys sind graublau. Sie werden es bleiben. Das Haar ist dicht und blond. Auch das wird so bleiben. Vater Peter und Mutter Heidi geben ihrem ersten Kind noch im Kreißsaal den Namen Stefanie Maria. Stefanie Maria Graf.

Drei Jahre und acht Monate später hielt das kleine, blonde Mädchen zum ersten Mal einen Tennisschläger in der Hand. Er war ganz und gar aus Holz. Den Griff hatte ihr Vater abgesägt.

Peter Graf hatte eigentlich nie etwas mit Tennis am Hut gehabt. Geboxt hatte er, ein wenig Leichtathletik betrieben. Und vor allem Fußball gespielt. Drei schwere Beinbrüche brachten ihn aber auf einen anderen Weg. Er führte zum Tennis. Erst mit 28 Jahren begann er zu spielen. Schon drei Jahre später trat er für BASF Ludwigsburg in der Regionalliga an. Nach Feierabend gab er im Klub Trainerstunden.

Kam Peter Graf abends nach Hause, müde vom Job als Versicherungsverkäufer und vom Tennistraining, stand schon seine Steffi in der Tür: »Papa, Tennis spielen.« Und so spielten sie dann.

Court Nummer eins war das Wohnzimmer. Spieldauer: zwei bis drei Minuten. Papa schob die Stühle in die Mitte des Raumes. Und dann schubsten sich die zwei die Filzkugeln zu. Nach wenigen Wochen wurden aus zwei, drei Minuten eine Viertelstunde. Und zwölf Glühbirnen blieben auf der Strecke.

Gut, daß Peter Graf im Keller einen sogenannten Hobbyraum hatte. Den räumte er jetzt leer, stellte erst eine Couch, später Apfelsinenkisten in »Netzhöhe« hinein – Court Nummer zwei war geboren.

»Ich hatte immer einen Heidenspaß«, erinnert sich Steffi, was nicht zuletzt an der Aussicht auf eine besondere Belohnung lag. Immer, wenn sie den Ball 25mal ohne Fehler zurückschlagen konnte, kassierte sie eine Salzstange. Für 50 Ballwechsel ohne Pause gab's für die »Naschkatze« Steffi ein großes Vanilleeis mit heißen Himbeeren.

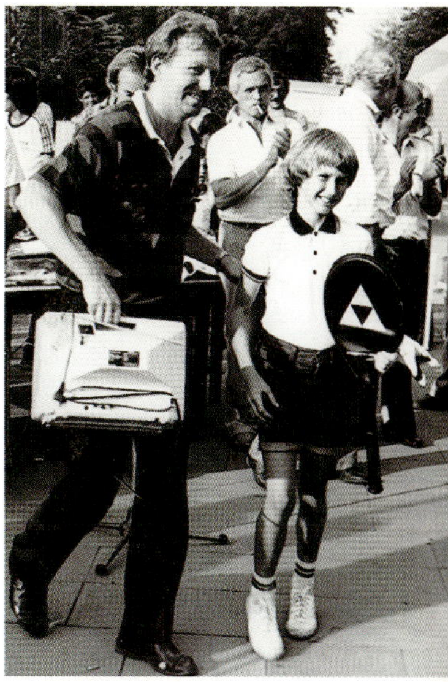

Ein Fernsehgerät als Prämie für die siegreiche Spielerin des Jüngstenturniers ihrer Heimatstadt Brühl

Kinder-Tennisturnier bei »Sport-Scheck« in München. Ein sechsjähriges Mädchen aus Baden-Württemberg ist die jüngste Teilnehmerin: Steffi Graf – schon in der Nähe des Siegerpokals

Immer fleißig, immer konzentriert. Mit zwölf gewinnt sie alle Jugendturniere. Was möchtest du einmal werden, wenn du groß bist? »Die Nummer eins«, sagt sie

Ab dem Alter von fünf Jahren spielte Steffi Graf auf einem Tennisplatz. Als Belohnung für gelungene Schläge gab es jetzt weder Eis noch Salzgebäck, sondern schon mal eine Barbie-Puppe.

Als sie in Brühl in die Schule kommt, trainiert sie vormittags 45 Minuten und spät nachmittags zwei bis drei Stunden mit ihrem Vater. In der freien Zeit spielt Steffi mit ihrem zwei Jahre jüngeren Bruder Michael. Mit sieben geht's im Tennis einen ganzen Schritt voran. Sie darf ins badische Leistungszentrum in Brühl zu Boris Breskvar. Die Fahrt von Brühl nach Leimen, zwölf Kilometer ist sie lang, schaffen sie in 15 Minuten. Vorher feilt der Vater mit ihr an den Schlägen, nach der Schule übt sie zwei Stunden in Leimen. Im Alter von acht Jahren feiert Familie Graf den ersten Turniersieg der Tochter: Steffi gewinnt das Kin-

Früh drängt Tennis die Schularbeit in den Hintergrund. Mit 14 wird Steffi von der Realschule freigestellt

1982 beschließt die Familie Graf, sich auf Probe ins Abenteuer Profitennis zu stürzen. Mit der Mutter zieht die 13jährige Steffi von Turnier zu Turnier, rund um den Globus

Immer die Augen auf den Ball. Von links: Steffi Graf, Hansjörg Schwaier (er spielte insgesamt viermal im deutschen Davis-Cup-Team) und Bundestrainer Klaus Hofsäss

Am 18. Oktober 1982 debütiert Steffi Graf als Tennisprofi. Das Los beschert ihr in Runde eins des Turniers in Filderstadt die Weltranglisten-Vierte Tracy Austin. Die Amerikanerin siegt 6:4, 6:0

derturnier bei »Sport-Scheck« in München, wo sie schon als Sechsjährige erstmals spielte.

Wiederum vier Jahre später gibt Peter Graf seine Arbeit als Versicherungsvertreter auf. Sie trainieren ab sofort noch intensiver, ansonsten gibt er täglich bis zu 16 Stunden Unterricht in seiner Tennis-Schule in Brühl. Und die Mühen sind nicht umsonst, die ersten größeren Erfolgen stellen sich ein: 1981 siegt Steffi bei der Weltmeisterschaft der Nachwuchsspielerinnen, dem Orange Bowl in Miami (Florida). In der Klasse bis 14 Jahre wird Steffi Europameisterin.

Sie gewinnt ein Jugendturnier in Monte Carlo, die Deutschen Meisterschaften (bis 14 Jahre), den Europacup der Juniorinnen mit der deutschen Mannschaft. In der deutschen Damen-Rangliste wird Steffi Graf an Nummer fünf geführt. »Steffi ist weltweit konkurrenzlos in ihrer Altersklasse«, urteilt daraufhin Bundestrainer Richard Schönborn. »Sie ist talentierter und schlagtechnisch weiter, als es Sylvia Hanika, Eva Pfaff oder Claudia Kohde in diesem Alter waren.«

Die drei anderen Spielerinnen, die für erste Achtungserfolge deutscher Tennis-Damen im Ausland gesorgt hatten, waren aber trotz ihrer Erfahrung und des Vorsprungs an Reife nie ein ernsthafter Maßstab für Peter Graf. Breskvar: »Ich habe zu ihm einmal gesagt: ›Deine Tochter wird bestimmt mal so gut wie die Hanika. Die kann unter die besten zwanzig Spielerinnen der Welt kommen.‹ Da hat er getobt: ›Wer ist denn schon die Hanika? Und außerdem: Die Steffi wird ein-

1983 treffen die Grafs im Urlaub auf Fuerteventura zufällig Hans-Jürgen Pohmann. Er springt als Trainingspartner ein

mal die Nummer eins.‹ Und dann ist er zwei Wochen lang nicht mehr mit ihr zum Training gekommen.«

Als zwölf Jahre altes Mädchen tauchte eine spindeldürre Steffi Graf bei den Deutschen Hallen-Meisterschaften in Münster auf. In der Klasse der 18jährigen kam sie sogar bis ins Endspiel.

Auch 1982 reihte sich Erfolg an Erfolg: Sieg beim Alberto-Cup in Oslo. Europameisterin ihrer Altersklasse, Internationale Deutsche Jugendmeisterin. Ein ganz besonderer Tag ist jedoch der 18. Oktober 1982. Steffi Graf debütiert bei einem Grand-Prix-Turnier, in Filderstadt unweit von Stuttgart. Als erste Gegnerin wird ihr die Weltranglisten-Vierte Tracy Austin zugelost. Vater Peter stapelt tief und tippt ein 0:6, 0:6. Tatsächlich ist seine Tochter weitestgehend chancenlos, mit 4:6, 0:6 schlägt sie sich jedoch wacker. Tracy Austin ist unbeeindruckt nach der Partie: »Daheim in den Staaten gibt es Hunderte wie Steffi.« Ein Seitenhieb, über den die Deutsche sich ärgert. Noch aber hat sie nicht die Position zu reagieren – als Nummer 214 der Weltrangliste, die sie zum ersten Mal ganz offiziell führt.

In diese Zeit fällt auch die erste Begegnung von Hans-Jürgen Pohmann mit Steffi Graf. Pohmann, früherer Davis-Cup-Spieler und nun beim Fernsehen, weilte 1983 im Herbsturlaub auf Fuerteventura. Dort trafen auch die Grafs ein, weil sie eine Woche im Hotel »Tres Islas« ausspannen wollten, nachdem die 14jährige 10 000 Mark mit dem Sieg im deutschen Masters-Finale verdient hatte.

Ausspannen? Denkste. Lediglich am Ankunftstag beschränkte sich Steffi auf einen leichten Strandlauf. Schon am nächsten Morgen wollte sie trainieren. Pohmann sprang als Sparringpartner ein. »Da spielte ein Mädchen«, berichtet Pohmann später, »das die Fähigkeiten zur Nummer eins der Welt hatte. Unglaublich schon damals das Konzentrationsvermögen und die Einstellung, die ohne jeden Zwang von außen förmlich darauf wartete, gefordert zu werden.«

Zu den Turnieren im Ausland reist Steffi in der Folgezeit meistens mit ihrem Vater – sie sind sehr bescheiden unterwegs. Als sie das erste Mal nach Monte Carlo kamen, zogen sie stundenlang durch die Stadt, um die billigste Bleibe zu finden. Am Abend fand der nächste Rundgang statt: Wo kann man die günstigste Pizza essen? Mit Argusaugen beobachtete die Konkurrenz da schon das sparsame und in der Vorgehensweise ungewöhnliche Duo.

Nur pro forma gehörte Steffi Graf in

jener Zeit noch in ihre Realschulklasse in Brühl. Doch dort wuchsen die Probleme mit jedem Erfolg. Je länger sie bei einem Turnier verweilte, um so mehr Unterrichtsstoff verpaßte sie. »Obwohl das keinen Einfluß auf Steffis Noten hatte«, erinnert sich ihre Mutter. Ihr Schnitt habe zwischen zwei und drei gelegen, Biologie und Erdkunde seien Steffis Lieblingsfächer gewesen. Doch mehr und mehr Probleme bereiteten die Mitschüler. Heidi Graf: »Steffi wurde immer wieder gehänselt. Manchmal kam sie weinend nach Hause.« In Vereinbarung mit dem Kultusministerium Baden-Württemberg wurde Steffi schließlich mit 14 von der Schule freigestellt. Peter Graf: »Wenn sich ihre Tennis-Karriere nicht weiterentwickelt hätte, wäre sie zurückgegangen.«

Doch es ging kontinuierlich weiter bergauf. 1983: wieder Europameisterin bis 14 Jahre. Masterssiegerin beim deutschen Sommer-Grand-Prix. Erreichen der zweiten Runde beim Grand-Slam-Turnier von Paris. Platz 98 der Weltrangliste.

Olympische Spiele 1984: Tennis ist Demonstrationssportart. Graf schlägt im Finale die Jugoslawin Goles 1:6, 6:3, 6:4

1985 klettert »Fräulein Vorhand« in der Weltrangliste auf Position sechs, sie verdient 168 212 Dollar Preisgeld und erreicht dreimal ein Endspiel

Mit 16 Jahren feiert Steffi Graf den ersten Turniersieg. Am 13. April 1986 unterliegt ihr in Hilton Head (USA) die Weltranglisten-Zweite. Chris Evert gratuliert nach dem Finale anerkennend

1984 steht sie zum ersten Mal in ihrer Laufbahn im Finale eines Grand-Prix-Turniers. In Filderstadt verliert sie gegen die Schwedin Catarina Lindqvist 1:6, 4:6. Dennoch rückt sie mit dieser Leistung auf Rang 22 der Welt vor. Außerdem gewinnt sie die Deutschen Hallenmeisterschaften und schlägt sich mit 15 Jahren vor bis ins Achtelfinale von Wimbledon. Darüber hinaus gewinnt sie bei den Olympischen Spielen von Los Angeles, wo Tennis Demonstrations-Wettbewerb ist, die Goldmedaille. »Woher«, fragte die internationale Presse, »hat dieses Küken schon diese spielerische Reife?«

1985: Achtelfinale in Paris und Wimbledon, Halbfinale bei den US Open in New York. Finale in Berlin, Mahwah, Fort Lauderdale. Von Januar bis Oktober spielt Steffi 16 Turniere, dann fährt sie mit ihrem Vater zu Bundestrainer Klaus Hofsäss in dessen Tennis-Camp nach Marbella, um dort Aufschlag, Rückhand und Volleyspiel zu verbessern. Und alle sind sich sicher: Der erste Turniersieg ist nur eine Frage der Zeit.

Am 13. April 1986 ist es soweit. Steffi Graf gewinnt im Alter von 16 Jahren ihr erstes Grand-Prix-Turnier. Im Finale von Hilton Head Island im amerikanischen Bundesstaat South Carolina läßt sie Chris Evert im sechsten Aufeinandertreffen mit 6:4 und 7:5 keine Chance. Und dabei wird die 31jährige Weltranglisten-Zweite auf ihre ureigene Art besiegt – eiskalt und von der Grundlinie. Steffi Graf bereitete mit ihrer Slice-Rückhand immer wieder jene Killerschläge ihrer stark verbesserten Vorhand vor, die die Punkte brachten. Nach Chris Everts erster Niederlage in Hilton Head im achten Turnierjahr sprach der amerikanische Fernsehreporter Bud Collins von einer »historischen Stunde«.

Bud behielt recht.

Der Tag, an dem Steffi die Nr. 1 wurde

Die Wachablösung

Der Augenblick hat einen festen Platz in der Tennis-Geschichte. Samstag, 16. August 1987, um 15.44 Uhr verwandelt Steffi in Los Angeles ihren Matchball und löst Martina Navratilova ab

Samstag, der 16. August 1987. Präziser noch: Finalsamstag im Manhattan Beach Club, Los Angeles. Um 15.44 Uhr hat Steffi Graf Matchball – und alle Welt außer ihr weiß Bescheid. Weiß, daß dieser Moment mehr als nur einen weiteren Sieg bringen könnte.

In Deutschland schreibt man bereits Sonntag. Exakt um 0.44 Uhr mitteleuropäischer Zeit schauen 4,8 Millionen Tennis-Fans gebannt auf ihren Fernsehbildschirm, sie sind Zeitzeugen eines historischen Ereignisses. Zeugen der endgültigen Wachablösung im Welttennis der Damen. Steffi Graf hat, wieder einmal, Chris Evert besiegt, 6:3, 6:4 nach einer Stunde und einundzwanzig Minuten Spielzeit, und reagiert wie immer nach einem Matchball. Artig drückt sie der Amerikanerin die Hand, bedankt sich anschließend beim Stuhlschiedsrichter und läuft dann – wie gewohnt – ihrem Vater Peter entgegen. Der hat sich indes von seinem Platz in der ersten Zuschauerreihe des Manhattan Country Clubs erhoben und reckt lächelnd den rechten Daumen in die Höhe, während die Zuschauer stehend applaudieren. Doch auch da dämmert es seiner Tochter noch nicht. Erst als er ihr »Du hast es geschafft« zuruft, »Du bist jetzt die Nummer eins«, ballt sie kurz die Faust und fällt ihm dann freudetrunken in die Arme.

Rosa Rosen für eine rosige Zukunft. Steffi Graf unmittelbar nach dem Finalsieg des Grand-Prix-Turniers in Los Angeles, wo sie zum ersten Mal in ihrer Karriere die Nummer eins der Weltrangliste wird

Das Jahr 1987: Tennis als Kampf der Generationen (siehe Plakat der Zeitung »Today«). Die Vormacht der Alten, also Martina Navratilovas und Chris Everts, bröckelte, wenngleich sie sich gegen den Ansturm der Jugend, sprich Steffi Graf und Gabi Sabatini, wehrten

Für Statistiker: Ganze 1,1 Punkte beträgt der Vorsprung in der am nächsten Tag frisch errechneten und veröffentlichten Weltrangliste vor der amerikanischen Tennis-Diva Martina Navratilova. In Wahrheit sind es jedoch Welten – nicht wirklich in Zahlen ausdrückbar. »Das neue Zeitalter im Frauen-Tennis hat begonnen«, meldet die Deutsche Presse-Agentur. Steffi Graf ist die erste Nicht-Amerikanerin, die die Spitzenstellung der Weltrangliste übernimmt, seitdem der Computer 1975 in Betrieb genommen wurde. Und erstmals seit dem Juli 1980, als das später schnell in der Versenkung verschwundene amerikanische Wunderkind Tracy Austin im

Ein kleines Geschenk. Stolz präsentiert Steffi einen goldenen Anhänger, die Nummer Eins

Alter von 17 Jahren ganz oben rangiert, wird ein anderer Name als Chris Evert oder Martina Navratilova an der Spitze ausgewiesen. Und was damals keiner ahnt: 186 Wochen verteidigt Steffi Graf diesen Platz der Allerbesten, länger als irgendein Tennisprofi zuvor. Und auch danach. Vom 17. August 1987 bis zum 10. März 1991 wird die Nr. 1 zu ihrem permanenten Begleiter, zu ihrem Markenzeichen. Allein der Amerikaner Jimmy Connors ist in ähnliche Sphären gestoßen – 159 Wochen behauptete er sich an der Spitze. Insgesamt hatte Steffi den Platz an der Sonne sogar 377 Wochen inne, der Ausnahmekönner Pete Sampras dagegen bis dato »nur« 271.

Doch zurück zu jenem 16. August 1987. Am Tag davor hatte der Herr Papa zu einer kleinen taktischen Lüge gegriffen: »Wie stehen meine Chancen?« hatte Steffi ihren Vater sowie Trainer Pavel Slozil beim Abendessen vor dem Endspiel gefragt. »Du kannst noch nicht die Nummer eins werden«, hatte Peter Graf geantwortet, dabei hatte gerade der Computer der WTA das Gegenteil errechnet. Es war klar, daß sie mit 248.9041 Punkten Martina Navratilova (247.8259 Punkte) überflügeln würde. Peter Graf flunkerte dennoch, um seiner Tochter nicht zusätzlichen Druck aufzubürden. Die nämlich hatte in den Tagen zuvor immer wieder betont, wie sehr sie die ständige Fragerei nach dem ersten Platz nerve. Sie stand sichtbar unter Spannung.

Wer weiß, vielleicht tat er gut daran. Nach dem Erfolg jedenfalls jubelte Steffi Graf: »Ich bin am Ziel meiner Träume angelangt.« Ausgelassen euphorisch feiert sie den Abend am Strand von Los Angeles mit ihrem Bruder. Wie junge Hunde tollten beide im Wasser des Pazifiks.

Verliererin Chris Evert übte sich derweil in Erklärungsversuchen. »Mein Spiel scheint Steffi zu liegen«, sagte sie und fügte hinzu: »Ich weiß nicht mehr, was ich gegen sie machen soll, ihre Rüstung scheint kein Loch zu haben. Ich kann in Steffi die gleiche Intensität, den gleichen Hunger, die gleiche Konzentration erkennen, die ich zu Beginn meiner Karriere hatte. Sie hat es so eilig zu gewinnen.«

Im Rückblick gibt Steffi Graf ihre Emotionen an diesem Tag preis: »Damals in Los Angeles, als ich das erste Mal die Nummer eins wurde, erlebte ich diesen Moment wie eine Art Rausch.« Doch später »bedeutete die Weltrangliste mir nichts mehr«, fügt die zur Persönlichkeit gereifte Ausnahmespielerin hinzu.

19. Mai 1986: Finaltag der German Open in Berlin. Nach ihrer ersten Niederlage (2:6, 3:6) gegen Steffi Graf ahnt Martina Navratilova vermutlich, daß ihre führende Position bald gefährdet sein könnte

Ein kalifornischer
Sonnentag brachte
Steffi an die Spitze

Die Waffen einer Frau

Noch einmal zum Anschauen und Genießen: Die Schläge, mit denen Steffi die Tennis-Welt eroberte

Augen auf den Ball, kurze Ausholbewegung. Und dann: Was für eine Power! Steffi Grafs durchgezogene Vorhand war sehr gut plaziert und hat viele Spiele entschieden

Steffis Siege kamen nicht von ungefähr. Ihre Technik war einzigartig im Tennissport und für den Zuschauer immer wieder eine Augenweide. Grund genug, sie hier noch einmal anhand einiger Fotofolgen – und mit erläuternden Hinweisen vom Tennis-Experten Roland Carlstedt – zu studieren. Weshalb ihre Schläge bei den Gegnerinnen so gefürchtet waren, wird sich so leicht beantworten lassen

Die Vorhand

Steffis Paradeschlag! Es war unbestritten die beste Vorhand aller Zeiten, was das Damen-Tennis betrifft. Wegen dieser Vorhand waren einst Hanna Mandlikova, Martina Navratilova und Chris Evert gezwungen, mit Männern zu trainieren, um sich an Grafs Peitsche zu gewöhnen. Dennoch mußten sie feststellen, daß »sie doch noch zu schnell für uns« spielte (Navratilova).

Tennis-Experte Roland Carlstedt rückblickend über Steffis Vorhand: »Steffis Vorhand war lehrbuchmäßig nicht perfekt, dafür aber um so effektiver. Sie erzeugte die enorme Schnelligkeit des Schlages durch eine verzögerte Ausholbewegung. Diese zwang sie, den Schläger schnell nach vorn zu beschleunigen, um den Ball noch rechtzeitig zu treffen. Dadurch war es für die Gegnerinnen schwerer zu berechnen, wohin sie den Schlag richtete.

Ihr Timing mußte aber stimmen, deswegen galt es für Steffi Graf, die Vorhand sehr intensiv zu trainieren. Fehlte ihr das Timing, wie gelegentlich nach längeren Verletzungspausen, kam es vor, daß sie ihre Vorhand serienweise ins Aus schlug.«

Den Schlag zog Graf meistens voll durch, mit minimalem Drall oder Spin.

Sie konnte dabei die Kraft ihres ganzen Körpers in den Schlag legen, weil sie in den meisten Fällen dank ihrer guten Beinarbeit optimal zum Ball stand. Sie traf – dies ist eine technische Besonderheit – den Ball allerdings eher spät.

Sehr gut war die Präzision ihrer Vorhand. Sie trieb den Ball weit auf Vor- oder Rückhandseite der Gegnerinnen, dort sprang er kurz vor der Grundlinie auf und war oft unerreichbar. Theoretisch hätte Steffi die Vorhand auch mit Topspin spielen können, sie tat das aber fast nie im Match. Wohl auch weil sie sich sonst ihrer stärksten Waffe entledigt hätte – der gerade gepeitschten Vorhand. Allerdings kehrte sich diese einseitige Spielweise manchmal auch ins Gegenteil um. Gegen eine Gegnerin wie die Südafrikanerin Amanda Coetzer wäre es durchaus angebracht gewesen, öfter mal die Vorhand zu variieren, um deren Rhythmus zu brechen.

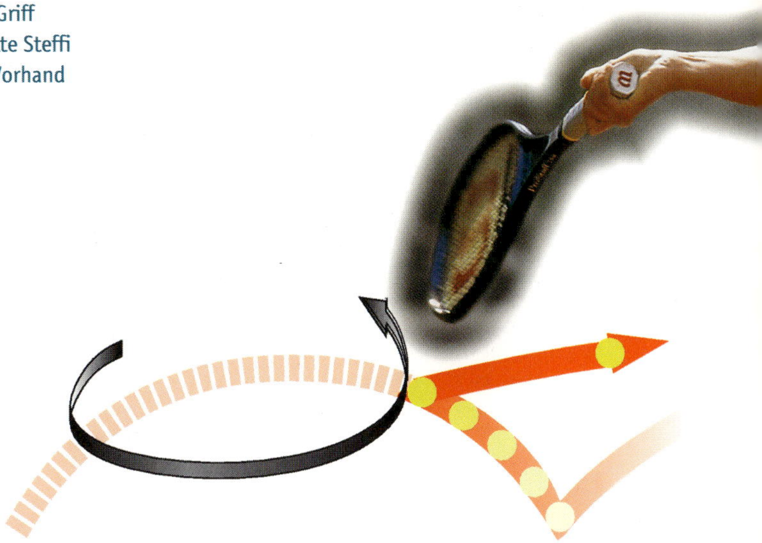

Den Eastern-Griff (rechts) wählte Steffi Graf bei der Vorhand

Rückwärtsdrall – ganz einfach zu erkennen. Geht die Schlagbewegung von oben nach unten (siehe Fotofolge), rotiert der Ball mit Rückwärtsdrall. Diesen unterschnittenen Schlag – »Slice« genannt – spielte Steffi oft mit enormem Druck

Die Rückhand

Die Rückhand ist der Schlag, der am häufigsten kritisiert wurde. Steffi spielte sie fast ausschließlich als Slice. Diesen unterschnittenen (langsamen) Ball spielte sie jedoch so perfekt und aggressiv wie keine andere Spielerin. Auf sehr schnellem Bodenbelag, wo der Ball sehr flach abspringt (Rasen, z.B. Wimbledon), hatten alle Spielerinnen Mühe, ihren Schläger unter diesen Slice-Ball zu bringen – dann konnte die Rückhand auch zu einem guten Vorbereitungsschlag für den eigenen Angriff werden.

Im Training übte Steffi Graf auch den ihr häufig empfohlenen geraden, durchgezogenen Rückhandschlag und den Topspin. »Sie beherrschte beides jederzeit, wenn sie es brauchte«, sagte ihr Trainer Heinz Günthardt. Doch im Match fühlte sie sich zumeist nur mit dem Slice richtig wohl.

Steffis Griffhaltung war der ganz normale Rückhandgriff, wie er auch in jeder Tennisschule gelehrt wird.

Experte Roland Carlstedt über die Rückhand: »Allen Unkenrufen zum Trotz ein sehr effektiver Schlag. Sie nutzte ihren penetranten Slice als taktisches Mittel. Ein Beispiel: Sie öffnete damit den Platz, um die Rückhand beim nächsten Schlag zu umlaufen, damit sie ihre Killer-Vorhand einsetzen« konnte – sie ergänzten sich vortrefflich. »Daß sie von ihrer durchgezogenen Rückhand kaum Gebrauch machte, hat ihr nicht geschadet, weil im Damen-Tennis so gut wie nie Angriffstennis gespielt wird.«

Der Aufschlag erfordert einen komplexen, rhythmischen Bewegungsablauf. Steffi Graf warf den Ball extrem hoch, mußte dann eine Weile in der Ausholbewegung verweilen, um die Kugel doch noch perfekt und mit voller Wucht zu treffen

Der Aufschlag

Steffi Grafs Aufschlag, so Roland Carlstedt, war »nicht schulmäßig, weil sie den Ball viel zu hoch warf. Aber die Ausnahmeathletin machte kleine technische Mängel beim Aufschlag durch perfektes Timing wett. Abgesehen vom Ballwurf hatten die anderen Aufschlagphasen auch kleine Mängel. So rotierte sie mit dem Oberkörper und führte das rechte Bein ein bißchen zu früh vorwärts. Das machte sie, weil sie in der Bewegung so lange auf den Ball, den sie sehr hoch geworfen hatte, warten mußte. Aber durch ihre Athletik, die sie bei der Beschleunigung des Schlägers zum Ball einsetzte, den optimalen Treffpunkt und den Sprung hoch zum Ball korrigierte sie diese kleinen Fehler. Auch ihr zweiter Aufschlag war nie ein Einwurf wie bei vielen anderen, zum Beispiel Monica Seles.«

Steffi Grafs erster Aufschlag gehörte auf jeden Fall zu den drei besten im Damen-Tennis. Ihr erster kam zu fast 90 Prozent schnell und gerade. Er hatte eine gute Länge, und außerdem war er sehr plaziert. Trainer Günthardt studierte mit ihr Variationen ein. Besonderen Wert legte er auf einen wirksamen Kick-Aufschlag, der ihr aber nur selten gelang. Auffällig war auch, daß Steffi Graf durch eine hartnäckige Patellasehnenreizung oft beim Aufschlag gehandicapt war. Bei den Australian Open '97 z. B. erreichte ihr erster Aufschlag deshalb nur eine Geschwindigkeit von 120 bis 140 Stundenkilometern. Im Normalfall aber waren 160 km/h und mehr – in der Spitze über 180 km/h – keine Seltenheit. Bei viel Wind wiederum brachte es der hohe Ballwurf oft mit sich, daß der Ball verweht wurde; ihr Aufschlag kam dann nicht mehr so präzise und hart, wie erwünscht.

Im Vergleich zu anderen Spielerinnen war Steffis Aufschlag trotz eines extrem hohen Ballwurfs richtig gut. Durch perfektes Timing und ihre hervorragende Körperbeherrschung traf sie den Ball stets sauber.
Der Griff: Semi-Continental

Return & Volley

Steffi Grafs Rückschlag auf den Aufschlag der Gegnerin war immer dann gefährlich, wenn sie ihn mit ihrer starken Vorhand ausführen konnte. Weil sie ständig mit Männern trainierte und gewohnt war, deren harten Aufschlag zu retournieren, hatte sie ihr Timing so weit verbessert, daß sie jeden Damen-Aufschlag sofort attackieren konnte. Es gab in der Zeit ihrer Dominanz keine andere Spielerin, die beim Return so viele direkte Vorhand-Punkte machte.

Roland Carlstedt über diesen Schlag:

»Sie lebte beim Return von ihrer Beinarbeit, konnte die Rückhand umlaufen. Im aufschlagschwachen Damen-Tennis ist das noch nicht einmal ein Risiko für Steffi Graf gewesen. Und so konnte sie den ersten Aufschlag ihrer Gegnerinnen stets mit ihrer schnellen Vorhand und mit vollem Risiko über das Netz zurückschicken. Ein gutes Rezept gegen Steffi war, sie durch einen starken Aufschlag zum Rückhand-Return zu zwingen, denn dieser geriet dann meist zu einem Verteidigungsschlag. Doch im Damen-Tennis gab es keine Spielerin, die einen so guten, so starken Aufschlag hatte.«

Steffi kam nur selten vor ans Netz. Zwar hat ihre Trainingszeit mit dem hervorragenden Doppelspieler Heinz Günt-

Immer wenn sich die Chance eröffnete, peitschte Steffi den Return als Vorhandschuß zurück. Dabei umlief sie bei jeder sich bietenden Gelegenheit die Rückhand. Ihre phantastische Beinarbeit und ihr Antizipationsvermögen halfen ihr dabei

▽ Steffi Graf am Netz – ein seltenes Bild, weil sie zumeist mit ihren Grundschlägen punktete. Wenn's sein mußte, setzte sie jedoch Rückhand-Volley oder Vorhand-Stop im Match ein

▷ Den Schmetterschlag (englisch: Smash) zeigte Steffi selten. Natürlich gehörte er zu ihrem Repertoire, obwohl sie ihn zumeist vermied

◁ Die Augen auf den Ball gerichtet, geht sie in den Rückhand-Volley. Die Bewegung kommt ihr entgegen, sie ähnelt dem geliebten Rückhand-Slice

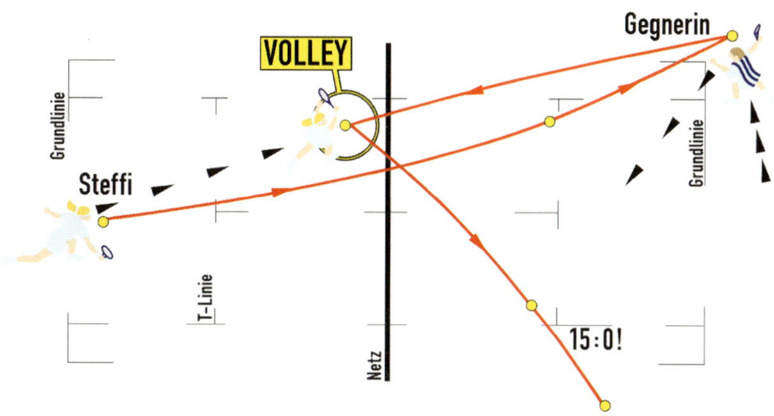

Serve-and-Volley (wie auf der Zeichnung links dargestellt) spielte sie selten, dabei gibt's, wenn es gelingt, nichts Effektiveres. Mit dem Service vor ans Netz, um den Return vom Schläger auf die offene Seite des Feldes tropfen zu lassen

hardt ihr Gefühl für das rechtzeitige Vorrücken weiterentwickelt, aber eigentlich wagte sie es doch viel zu selten. Was vor allem daran lag, daß »sie es einfach nicht nötig hatte« (Günthardt), weil sie ihre Spiele auch gewann, wenn sie nicht ans Netz vorrückte. »Sie war technisch sicher in der Lage, regelmäßig Angriffstennis zu spielen«, meint Roland Carlstedt, »denn sie hatte die Beinarbeit dafür, beherrschte den ›split-step‹ sowie die Slice-Rückhand, mit der sie nach vorn rücken konnte.« Und über ihre Vorhand muß in diesem Zusammenhang gar nicht geredet werden – sie war eigentlich der perfekte Vorbereitungsschlag zum Netzangriff.

Carlstedt zum Volley: »Da sie ihn so selten spielte, konnte es gar nicht zur Perfektion kommen. Dennoch war ihr Vorhand-Volley gut. In Doppelspielen zeigte sie, daß sie den Schlag einwandfrei beherrschte. Man konnte erkennen, daß Steffi über ein sehr gutes Ballgefühl verfügte. Ihr Rückhand-Volley war technisch ebenfalls sehr gut, dabei war von Vorteil, daß sie eine einhändige Rückhand gelernt hatte und damit Gefühl für Griff- und Schlägerwinkelstellung besaß. Deswegen mußte sie grundsätzlich nie Angst haben, ans Netz zu gehen. Ich glaube auch, daß sie keine Angst hatte – im Gegensatz zu anderen Spielerinnen. Es war einfach nur nicht ihre Spielphilosophie.«

Viele kleine Schritte (siehe Zeichnung), um perfekt für einen Rückhand-Schlag zu stehen. Schnell und ausdauernd war ihre Beinarbeit. Die Zahlen verdeutlichen die Bewegung, die sie bis zur Schlagstellung vollführte

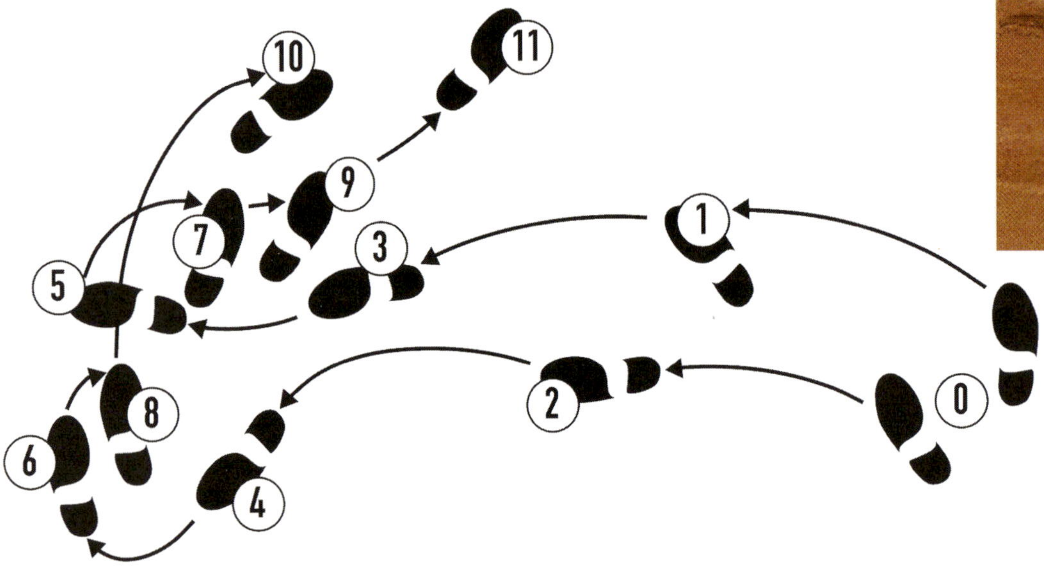

Die Beinarbeit

Über Steffis Beinarbeit staunte selbst ein Weltklasse-Leichtathlet wie Carl Lewis. Besser, schneller, wendiger als sie könne man kaum zu Fuß sein, sagte er mal. »Sie hat im Damen-Tennis neue Maßstäbe gesetzt, was Schnelligkeit, Antizipation und Reaktion angeht. Ihr Training mit Männern hat auch dazu beigetragen, daß sie nie von der Schnelligkeit einer Gegnerin überrascht worden ist«, erläutert Roland Carlstedt. Steffi Graf war die athletischste Spielerin aller Zeiten. Was ihre Beinarbeit außerdem auszeichnete: Sie war immer im Gleichgewicht, bewegte sich mit perfekt getimten Trippelschritten. Sie war, auch wenn sie in eine Ecke des Platzes getrieben wurde, in der Lage, rechtzeitig zum nächsten Schlag zu kommen, was ihr erlaubte, in jeder Phase die Gegnerin zu kontrollieren. Von der Beinarbeit her, war nie eine Spielerin ebenbürtig. Carlstedt: »So war sie angesichts der athletischen Mängel vieler Gegenspielerinnen oft unterfordert.«

adidas

Ihr erfolgreiches Jahr

Der Golden Slam

Kein Titel, den sie noch nicht gewonnen hat. Doch ein Triumph hebt Steffi Graf im Tennis dieses Jahrhunderts über alle: die Siege in Melbourne, Paris, Wimbledon, New York und bei Olympia in Seoul in einem Kalenderjahr

Große Siege? Highlights der Karriere? Wo anfangen, wo aufhören, wenn ein Superlativ den nächsten jagt. 21 Grand-Slam-Titel. Einzige Spielerin der Welt, die alle vier großen Turniere mindestens viermal gewonnen hat. Mehr als 100 Turniersiege, fast 900 Wettspiele gewonnen. Fünfmal in den letzte zwölf Jahren Weltmeisterin. Und so weiter. Und so fort.

Doch, es gibt ein Ding, ein ganz großes Ding, das Steffi Graf aus allen Tennisspielern heraushebt. Das mehr bedeutet als alles andere, mehr Ruhm und Ehre begründet hat als jeder Sieg.

Der Golden Slam.

1988.

Wie war das damals eigentlich?

Januar-Urlaub hatte die junge blonde Frau aus Brühl in den Jahren zuvor stets einer Teilnahme am ersten Grand-Slam-Turnier der Saison, den Australian Open in Melbourne, vorgezogen. Nun, im Januar des Jahres 1988, jettete sie nach vier Jahren erstmals wieder nach »down under«, um dort die Chance auf ihren zweiten Grand-Slam-Titel – nach dem Gewinn der French Open im Vorjahr – wahrzunehmen. Mühelos rückt Steffi Graf durch Zweisatz-Siege über die Norwegerin Jonsson, die Australierin Thompson, die Amerikanerin McGregor, die Schwedin Lindqvist, die Australierin Mandlikowa sowie die Deutsche Kohde-Kilsch ins Endspiel vor. Dort wurde sie wieder einmal von Chris Evert erwartet. Doch Steffi Grafs 6:1 und 7:6 (7:3) nach nur 74 Minuten im finalen Vergleich sprach nicht nur eine deutliche Sprache, es war zugleich der Auftakt zu einem Sturm auf die Rekorde.

Sie war die erste Deutsche, die das seit 66 Jahren bestehende Turnier gewann – mit 18 Jahren der zweite ganz große Sieg –; sie kassierte mit 110 000 Dollar das höchste Preisgeld bis dato. Und sie schuf die reale Basis für den Traum vom größten Ding im Tennis überhaupt, dem Grand Slam, dem Sieg innerhalb eines

In 66 Jahren Turniergeschichte der Australian Open gewann mit Steffi Graf erstmals eine Deutsche

Steffi bei der Vorbereitung zu einem Smash. In »down under« zerschmetterte sie ihre Gegnerinnen geradezu

noch viel schneller, und du kannst dem Ball nur hinterherschauen. Das zermürbt«, konstatierte Catarina Lindqvist, die machtlose Viertrunden-Gegnerin der Deutschen.

Ganz nebenbei schürte Steffi Graf im Landes das Tennis-Fieber weiter, das durch Boris Becker und seine Wimbledon-Triumphe 1985 und 1986 auf Höchststände getrieben worden war. 2,5 Millionen Menschen sahen zu nachtschlafender Zeit das Finale live, die Wiederholung tagsüber schauten gar 6,6 Millionen. Werte, wie sie seit Muhammad Alis Kämpfen des Nachts nicht mehr im deutschen Fernsehen erreicht worden sind.

Die zweite Hürde auf diesem Weg heißt French Open und bedeutet Plackerei auf Sand. Eigentlich. Und eigentlich ist dies auch »mein schwächster Belag«, so Steffi Graf. Aber in jenem historischen Jahr wurde selbst Paris zu einem Sommerspaziergang. Die Französinnen Guerree und Tauziat, die Amerikanerinnen Reis und Sloane, ja sogar die Argentinierinnen Fulco und Sabatini – sie alle waren keine Prüfsteine. Ohne Satzverlust mit nur zwanzig abgegebenen Spielpunkten in allen Matches qualifizierte sich Steffi Graf für das Spiel um den Jahres bei den vier bedeutendsten Turnieren der weltumspannenden Profi-Tennis-Tour.

Bis zu diesem Zeitpunkt war dies erst zwei Frauen in der Geschichte des Tennissports gelungen: der Amerikanerin Maureen Connolly-Brinker im Jahre 1953 und der Australierin Margaret Court-Smith 1970.

Doch die fachkundigen Zuschauer auf der Tribüne in Melbourne waren sich nach dieser gekonnten Darstellung im Endspiel bereits sicher in ihren Prognosen: »Das Damen-Tennis wird 1988 zu einer One-Girl-Show«, prophezeite etwa Rod Laver. Und Pam Shriver, immerhin die damals viertbeste Spielerin von allen, rätselte: »Ich weiß nicht, wer Steffi überhaupt schlagen kann.« Denn »du glaubst, du bist gerüstet, doch dann geht alles

Auch Finalgegnerin Chris Evert hatte der Deutschen keinen Satzverlust beibringen können, Steffi die Hitzeprüfung in Australien mit Bravour bestanden

Ob Steffi bei der Auswahl des Hemds bereits an den Griff nach den Sternen dachte?

»Ich versuche immer, das beste Tennis aus mir herauszukitzeln.« Wenn's mißlingt, fliegt schon mal der Schläger

Titel. Im Finale traf sie dann auf eine Außenseiterin, die junge Russin Natascha Zwetewa. Und Steffi Graf bescherte ihr, was Tennisspieler die »Höchststrafe« nennen: ein 6:0, 6:0. 16 500 Zuschauer sahen es mit Staunen. 32 Minuten Spielzeit. Das kürzeste Grand-Slam-Finale aller Zeiten.

Steffi Graf erzählte in einer Kolumne in der »Bild-Zeitung«, was sie empfand, auch den zweiten Meilenstein genommen zu haben: »Natascha kam aus der Pressekonferenz und heulte. Maureen Hamlon von der Spielerinnen-Gewerkschaft WTA hatte das Gespräch nach drei Minuten abgebrochen. Sie begleitete Natascha raus, wir blickten uns an. Ich nahm sie in den Arm und sagte nur: ›Sorry.‹ Was soll ich machen? 0:6, 0:6 in einem Grand-Slam-Finale zu verlieren ist die Hölle. Aber ich bin Sportlerin und versuche immer das beste Tennis aus mir herauszukitzeln. Abends habe ich den deutschen Tennis-Präsidenten Dr. Stauder gefragt, ob's richtig war, Natascha kein Spiel zu schenken. Er hat mir bestätigt, daß ein ehrlicher Sportler eigentlich darauf aus sein muß, 6:0, 6:0 zu gewinnen. IOC-Präsident Samaranch habe ihm gesagt, er sei derselben Meinung. Schon beim 3:0 spürte ich, daß es ein 6:0, 6:0 werden könnte. Ein bißchen Druck, die Vorhand kam, alles klappte. Dann kam der Wolkenbruch. Natascha hockte in der Kabine, las in einem Buch. Ich spielte mit meinem Bruder Michael Backgammon. Pavel Slozil kam und warnte mich ›Die geht jetzt mehr rein. Spiel jetzt alles oder nichts.‹

Nichts passierte. Die Spiele zum 4:0 und 5:0 gewann ich zu null. Mit einem Überkopfball holte ich mir den ersten

Satz nach 17 Minuten. Nur fünf Punkte hatte Natascha bis dahin gemacht, alles meine Fehler. Im zweiten Satz kriegte sie acht Punkte. 6:0 und 6:0 nach 32 Minuten.

Die Computer druckten gleich nach dem Matchball eine Serie neuer Rekorde aus. In 110 Jahren Tennis-Geschichte das zweite 6:0, 6:0 in einem Grand-Slam-Finale. 1911 hatte es Dorothea L. Chambers in Wimbledon geschafft. In Paris war bisher Suzanne Lenglen Rekordhalterin gewesen. Sie hatte 1926 nach 33 Minuten das Spiel gegen Mary K. Browne aus den USA 6:1, 6:0 beendet.

Am Tag nach dem Teilsieg Nummer zwei der Vier-Etappen-Fahrt reiste Steffi Graf nach Wimbledon. Rasentraining. Dort, in nur zwei Wochen, war Martina Navratilova von alters her die uneingeschränkte Regentin. Mithin also auch diesmal die Favoritin. Doch Steffi Graf

Auf Sand in Roland Garros verteidigte Steffi Graf ihren Titel in sensationeller Manier. 6:0, 6:0 nach 32 Minuten Spielzeit

Küßchen links, Küßchen rechts. Das Ritual nach jedem Turniersieg wird eingehalten, auch wenn's in Paris ziemlich kompliziert ist, die Loge zu erreichen

Erst als sie ihren Aufschlag wieder mit vollem Risiko ins gegnerische Feld wuchtete, wendete sich das Blatt im Wimbledon-Finale

»Ich kämpfte, rannte, meine Beine wirbelten mich überall hin. ›4:2 Miss Graf‹, sagte der Schiedsrichter.«

wußte, daß »ich besser aufschlage als in den Jahren zuvor, eine bessere Vorhand habe und der Slice gut kommt«.

Sie sollte recht behalten mit dieser Selbsteinschätzung, wenngleich sie im Finale zum ersten Mal einen Satz abgab. Zuvor jedoch lieferte sie makellose Leistungen ab mit den Siegen über die Amerikanerinnen Hu Na, Phelps, M. J. Fernandez und Shriver sowie die Französinnen Paradis und Quentrec.

Im Finale kam es erneut zum Vergleich der Generationen. Steffi traf auf Martina Navratilova. Aber die Deutsche spielte das, was man wohl als das Match ihres ersten Tennis-Lebens bezeichnen darf, und erkämpfte sich mit 5:7, 6:2 und 6:1 ihren ersten Titel bei dem bedeutendsten Turnier der Welt.

Originalton Steffi Graf nach dem Erfolg, wieder aus ihrer »Bild«- Kolumne: »Ich wollte das Größte. Den Sieg auf dem heiligen Rasen von Wimbledon. Ich kämpfte, rannte, meine Beine wirbelten mich überall hin. ›4:2 Miss Graf‹ sagte der Schiedsrichter. Ich hörte, wie die Zuschauer hinter mir standen. Und die Taktik gegen Martina war bis dahin aufgegangen. Als Linkshänderin schlägt sie ihre Bälle in einem anderen Winkel. Beim Aufschlag zum Beispiel extrem auf meine Rückhand. Ich mußte mich also anders stellen. Ganz weit außen.

Aber Martina wurde besser. Sie schrie sich zum 4:3. Bei 5:4 sah ich meinen Vater in der Loge winken. Er zeigte mir seinen mittleren Finger und den Zeigefinger, machte eine Handbewegung nach vorn.

Das erste Mal ist immer am schönsten. Besonders in Wimbledon. Nach dem Endspiel-Krimi gegen die Titelverteidigerin Martina Navratilova sagt Steffi Graf: »So ein Gefühl hatte ich nach einem Sieg noch nie.«

Shakehands am Netz. Die Amerikanerin zeigt in der Niederlage Größe und lobte nach dem 7:5, 2:6, 1:6: »Du bist der wahre Champion.«

Der Aufschlag und auch die Vorhand, ihr Paradeschlag, kamen im Finale der US Open nicht wie gewohnt. Doch selbst 21 Vorhand-Fehler verhinderten nicht, daß Graf nach 101 Minuten das Endspiel mit 6:3, 3:6, 6:1 gewonnen und damit den Traum vom Grand Slam wahr gemacht hatte

Das ist unser einziges Zeichen. Es bedeutet normal: Spiel den ersten Aufschlag wie den zweiten, also ohne Risiko.«

Ein Mißverständnis. Ihr Vater wollte andeuten: Geh beim zweiten Aufschlag von Martina weiter nach hinten, laß dich nicht überraschen. Das Zeichen hatte zunächst fatale Folgen. Graf: »Mein Trainer Pavel Slozil sah natürlich auch, daß ich falsch spielte. Er war völlig verwirrt, hatte das Zeichen meines Vaters nicht gesehen. ›So verliert sie das Spiel‹, dachte er. Mein Aufschlag kam zu schwach, Martina konnte plötzlich angreifen, Druck machen. Sie gewann den ersten Satz – 7:5, wie im letzten Jahr.

Als Martina das sechste Spiel hintereinander gewann, im zweiten Satz 2:0 führte, kam er bitter hoch, der Gedanke an eine Niederlage. Ich hatte zwar meinen Aufschlag längst wieder auf Risiko umgestellt. Aber jetzt dachte ich mir: ›Nichts wie vor ans Netz! Egal was mein Vater wollte.‹

Dann griff ich zu meiner letzten Hoffnung, zu einem anderen Schläger. Was ich erzähle, klingt wie ein Märchen, aber es ist wahr. Ich nahm nämlich einen kaputten Schläger. Seit Wochen schon war da ein merkwürdiges Rascheln oben im Schlägerkopf. Splitter im Hohlraum, von einem Schlag auf den Boden wahrscheinlich. Ich wußte nicht, warum ich diesen Schläger nahm. Einfach so. Die letzte Hoffnung. Das gute Stück war weicher bespannt – und weckte mich auf. Die Beine gehorchten wieder, die Schläge, der Ball. Martinas Stops waren teuflisch. Aber ich kam ran. Beim Stand von 3:0 im dritten Satz glaubte ich wieder an den Sieg. Beim 3:1 kam der Regen. Pause. Pavel Slozil meinte: ›Dir kann nichts passieren, auch wenn Martina das 3:3 macht.‹

Martina hatte sich auf dem Boden der Kabine ausgestreckt. Sie sah schlecht aus. Ihre Freundin Judy Nelson redete auf sie ein. Jetzt war ich sicher. Ich siegte nach 45 Minuten Unterbrechung locker 6:1 im dritten Satz.

Was dann kam, weiß ich nicht mehr so genau. Ich weiß nur, ich schrie, warf den Schläger in die Ränge. Ich redete mit der Herzogin von Kent, weiß aber nicht mehr, was sie sagte, was ich antwortete. So ein Gefühl hatte ich nach einem Sieg noch nie.«

Martina Navratilova verbeugte sich vor ihrer Rivalin und lobte sie: »You are the champion, a real champion.« Und dieser Champion setzte den Triumphzug fort.

Vierte, letzte und hektische Station für die Vollendung des Grand Slam: New York. US Open. Flushing Meadow.

Die faktische Beschreibung bis hin zur historischen Stunde am 10. September 1988 ist ebenfalls wieder eine Kurzgeschichte. Chancenlos blieben in den Vorrunden die Australierin Minter, die Holländerin Bollegraf, die Französin Herreman (sie alle zusammen schafften gerade vier Spielgewinne), die Amerikanerin Fendick und die Bulgarin K. Maleeva. Ins Finale kam Steffi Graf kampflos, wegen einer schweren Magen- und Darm-Grippe konnte Chris Evert nicht antreten. Steffis letzte Gegnerin vor dem ultimativen Eintrag in die Geschichts-

bücher war indes die Argentinierin Gabriela Sabatini. Doch Graf bewährte sich auch im Vorhof der Hölle, wie das Turnier in Flushing Meadow nicht zuletzt wegen der zumeist herrschenden Hitze allgemein genannt wird, und nahm diese Hürde souverän, wenn auch mit kleinen Wacklern – 6:3, 3:6, 6:1.

Der Grand-Slam war erreicht.

Anschließend war nichts als Freude. Steffi Graf stürmte zur Loge ihrer Eltern, herzte den Vater und küßte Mutter Heidi, die gestand, daß »ich kurz vor dem Matchball fürchterlich anfing zu zittern«. Später diktierte Steffi den Chronisten: »Ich fühle mich herrlich frei, völlig gelöst. Ich glaube, ich werde das Tennis künftig anders angehen können. Billie Jean King, Chris Evert und Martina Na-

In der ersten Woche wohnte Steffi Graf im olympischen Dorf von Seoul und genoß die Atmosphäre. Später zog sie ins Hotel

vratilova galten in ihrer besten Zeit als unschlagbar. Jetzt habe ich es geschafft, was diese Weltklasse-Spielerinnen nie erreichen konnten. Das ist Wahnsinn, verrückt, unglaublich. Genau deshalb kann ich ab sofort locker drauflos spielen. Ich muß keinem mehr etwas beweisen.«

Obwohl die gesamte Tennis-Welt kein anderes Thema kannte, als den bevorstehenden historischen Moment, wollte Steffi Graf nicht mehr als ein »kurzes Kribbeln« am Morgen des Finales wahrgenommen haben, wenngleich »ich zwischendrin dieses Grand-Slam-Gerede gehaßt habe«. Aber als es darauf ankam: keine Nervosität, keine Angst, kein Flattern. So ging sie hinaus auf den Centre Court des Louis-Armstrong-Stadions und setzte um, was »wir uns taktisch überlegt« hatten, nämlich: »Gabi laufen zu lassen. Bei Temperaturen von 32 Grad sollte sie ins Schwitzen kommen. Im ersten Satz war ich ganz gut, mit meinem kurzen Slice auf ihre Rückhand konnte sie nichts anfangen. Ich zwang Gabi, selbst etwas zu riskieren. Und da machte

sie Fehler«, so daß nach 101 Minuten der Matchball verwandelt war. Auf den letzten Schlag folgt sogleich die Stunde der verbalen Asse. »Steffi ist die tollste und bewundernswerteste Spielerin aller Zeiten«, telegraphiert Ex-Präsident Jimmy Carter. Keith Richards von den Rolling Stones sieht »eine neue Tennis-Ära mit diesem Mädchen« anbrechen. Und Hollywood-Größe Michael Douglas schwärmt: »Steffi bringt die Welt ins Wackeln.«

Nur unter den Gegnerinnen sowie deren Betreuern und Vertrauten breitet sich Frust aus. Stellvertretend für alle sagte Betty Stove, die Trainerin von Hana Mandlikova: »Steffi sollte bei den Herren mitspielen.«

PS: Drei Wochen nach dem Erfolg in New York gewann Steffi Graf auch noch im südkoreanischen Seoul das Finale des olympischen Tennisturniers – 6:3, 6:3 erneut gegen eine sich nach Kräften, aber vergeblich mühende Gabriela Sabatini. Von da an sprach man nicht mehr nur vom Grand Slam. Es wurde der Begriff Golden Slam erfunden.

»Nach 35 Minuten war kein Benzin mehr im Tank von Sabatini«, so Bundestrainer Klaus Hofsäss. Von da ab war's ein leichtes Match für Steffi Graf. Mit 6:3, 6:3 wurde sie Olympiasiegerin

Am Beginn der Saison steht eine weite Reise

Australian Open

Bilanz: vier Titel (1988, 1989, 1990, 1994), eine weitere Endspielteilnahme (1993), eine Viertelfinal- und eine Achtelfinalniederlage (1991 bzw. 1997)

Komisch – von der Lebensart her und von den Möglichkeiten, Natur pur erfahren zu können, ist Australien einer der angenehmsten Orte auf der Welt für Steffi Graf. Sie, die Tiere so liebt, hatte hier, an der Westküste in der Nähe von Perth, Anfang der 90er Jahre, gern die Gelegenheit wahrgenommen, sich mit Delfinen im Wasser tummeln zu können.

In Melbourne, der locker-lässigen Metropole, der Gastgeberstadt der Australian Open, hatte Steffi ihre Siege so ausgelassen gefeiert wie selten. Oft gab es durchtanzte Nächte auf den angesagtesten Dancefloors am Yarra River. Und doch gelangen ihr auf dem fünften Kontinent »nur« vier Grand-Slam-Triumphe.

Allerdings startete sie, nachdem sie 1987 erstmals die Nummer eins der Weltrangliste geworden war, furios in das Jahr 1988. Steffi ist erst zum drittenmal (nach 1983 und 1984) bei den Australian Open am Start; zum erstenmal erreicht die Deutsche das Endspiel – gegen Altmeisterin Chris Evert – und läutet mit dem insgesamt recht locker erspielten 6:1, 7:6-Sieg über die Amerikanerin ein großes, grandioses Jahr ein, an dessen Ende der Gewinn des »Golden Slam« steht.

Auch 1989, als sich Steffi anschickt, den Grand Slam erneut zu erringen, beginnt sie die Jagd auf dieses hohe Ziel mit einem Final-Erfolg in Australien – 6:4, 6:4 gegen Helena Sukova aus der ehemaligen CSSR. Aber das Unternehmen Grand Slam mißlang in jenem Jahr nach Steffis Endspiel-Niederlage gegen Arantxa Sánchez (Spanien) in Paris.

1990 begann die Tennis-Saison ebenfalls mit einem Graf-Sieg in Melbourne, diesmal 6:3, 6:4 gegen ihre Freundin Mary Joe Fernandez (USA).

Dann aber begann es zu kriseln in der Beziehung zwischen Steffi und Melbourne. 1991 Aus schon im Viertelfinale gegen Jana Novotna (CSSR). 1992 mußte Steffi gar krank kurz vor ihrem Erstrunden-Match passen. Ohne ein Spiel bestritten zu haben reiste sie wieder ab. 1993 dann gab es in einem fantastischen Finale in drei Sätzen gegen die freche Monica Seles (USA) eine bittere Niederlage.

Erst 1994 meldete sich Graf eindrucksvoll in Melbourne durch einen souveränen 6:0, 6:2-Erfolg über Sánchez zurück – allerdings war dies zugleich auch Steffis letzter Titelgewinn bei den Australian Open. 1995 und 1996 fehlte sie erneut wegen Verletzungen. 1997 wurde Graf im Achtelfinale, wieder körperlich angeschlagen – die enorme Hitze hatte ihr zu stark zugesetzt – von Amanda Coetzer (Südafrika) gebremst.

1999 schließlich, bei ihrem letzten Start, verlor sie im Viertelfinale erneut gegen Seles. Steffis persönliche Australien-Bilanz: »Ich schätze Land und Leute sehr. Aber sportlich waren mir die Grand-Slam-Turniere in Europa und den USA immer ein klein wenig wichtiger.«

Linke Seite: Zwei Niederlagen – gegen Coetzer (oben) und Seles (unten und großes Foto) – und drei Siege – gegen Kohde-Kilsch, Sukova und Fernandez

Zwei Siege ragen heraus – 1987 und 1999

French Open

Bilanz: sechs Titel (1987, 1988, 1993, 1995, 1996, 1999), drei weitere Endspielteilnahmen (1989, 1990, 1992), zwei Halbfinal- und zwei Viertelfinalniederlagen (1991, 1994 bzw. 1986, 1997)

Zwölf Jahre liegen zwischen diesen Bildern – Jahre in denen uns Steffi Graf durch ihr großartiges Tennis viel Freude bereitet hat

Paris, die vielbesungene »Stadt der Liebe«. Steffi hat hier ihr Glück tatsächlich gefunden – auf und auch neben dem Tennisplatz. Diese Geschichte muß von hinten aufgezäumt werden. Im Frühjahr 1999 feierte sie im Stade Roland Garros, bei den French Open, ihr glanzvolles Grand-Slam-Comeback nach langwierigen Verletzungen. 4:6, 7:5, 6:2 siegte sie in einem großartigen Endspiel gegen die aktuelle Weltranglistenerste Martina Hingis (Schweiz). Steffi konnte es kaum fassen, badete im Glück und kostete erstmals vielleicht die ihr durch die Fans entgegengebrachte Verehrung voll aus.

Am Tag nach ihrem Festakt glückte dem Amerikaner Andre Agassi dort ebenfalls – nach langer Abstinenz – der sehr so ersehnte Grand-Slam-Sieg. Und als er bei der Ansprache der Champions sagte: »Steffi ist ein wundervoller Mensch – nicht nur als Tennisspielerin«, ahnte noch kaum einer, daß sich die beiden Weltstars des weißen Sports auch privat näher gekommen waren. Erst im Herbst dieses Jahres, Monate nach Steffis Rückzug vom Profisport, schlenderten die beiden vor den Augen der Weltöffentlichkeit Hand in Hand, glücklich verliebt, durch die Stadt an der Seine.

Doch noch in einer weiteren Hinsicht ist Paris bedeutend für Steffi Graf. Es war ebenfalls an diesem Ort, und zwar zwölf Jahre zuvor, als Steffi Graf ihr aller erstes Grand-Slam-Turnier gewann. 1987 rang Deutschlands größtes Damen-Tennis-Talent aller Zeiten die große Martina Navratilova (USA) auf den auszehrenden Aschenplätzen am Bois du Bologne, dem berühmten Stadtwald von Paris, nieder: 6:4, 4:6, 8:6 – und Deutschland jubelte, neben Boris gab es nun auch noch Steffi.

Es folgte, im Jahr darauf, die schon legendäre Demütigung der Russin Natascha Zwerewa – 6:0, 6:0 in gerade mal einer halben Stunde. »Das tut mir zwar bis heute leid«, sagt Steffi rückblickend, »aber ich war so ehrgeizig, ich konnte doch nicht absichtlich ein Spiel verlieren, nur, damit sie auch mal punktet.«

War es die Strafe der Tennis-Götter, daß Steffi danach fünf lange Jahre warten mußte, ehe ihr bei den French Open endlich wieder mal ein Endspiel-Sieg gelang? Im Jahr 1993 war es schließlich soweit; Steffi Graf erkämpft sich in drei Sätzen gegen Mary Joe Fernandez (USA) erneut die Krone in Paris, nachdem sie im Halbfinale zuvor noch locker mit 6:1, 6:1 über die junge deutsche Herausforderin Anke Huber triumphiert hatte.

Auch 1995 und 1996 heißt die Siegerin an der Seine Steffi Graf. Beide Male gelingt es ihr in den Finals, die langjährige Rivalin Arantxa Sánchez in jeweils drei Sätzen zermürbendem Sandplatz-Tennis zu schlagen. Doch unvergessen bleiben wird das Jahr 1999, gewiß nicht nur für Steffi.

1999: Mit Monica Seles schaltet Steffi bereits im Halbfinale eine schwierige Gegnerin aus – 6:7, 6:3, 6:4

Steffis Lieblingsturnier

Wimbledon

Bilanz: sieben Titel (1988, 1989, 1991, 1992, 1993, 1995, 1996) zwei weitere Endspielteilnahmen (1987, 1999) und zwei Halbfinalniederlagen (1987, 1990)

Steffi Grafs alter Weggefährte Boris Becker hat den Centre Court des weltberühmtesten Tennisturniers in Wimbledon immer gern als »mein Wohnzimmer« bezeichnet. Dreimal hat er dort gesiegt (1985, 1986, 1989). Nun – Steffi Graf könnte demnach bei insgesamt sieben Titelgewinnen (plus einem im Doppel) das traditionsreiche Stadion des »Lawn Tennis & Croquet Clubs« zu recht ihr Haus nennen.

Und zu gerne hätte sie sich von der großen Tennisbühne dort im Jahre 1999 mit einem letzten, dem achten Einzel-Titel verabschiedet. Doch körperlich nicht mehr zu hundert Prozent fit, verlor sie das Endspiel gegen Lindsay Davenport (USA).

Steffi und Wimbledon – sie spricht seit ihrem ersten Triumph dort im Jahre 1988 von ihrem »Lieblings-Turnier«.

Im Gegensatz zum Spiel auf eher ungeliebtem, langsamem Sandbelag (wie in Paris) gefällt ihr einfach das schnelle, kraftsparende Agieren auf dem kurzgeschorenen Rasen.

1988 holt sich Steffi im Südwesten Londons ihren ersten Titel. Sie siegt gegen die ungekrönte Wimbledon-Queen Martina Navratilova, die das hier geforderte Serve-and-volley-Tennis als bis dahin einzige Frau der Weltspitze so perfekt beherrscht, mit 5:7, 6:2, 6:1 und ist jetzt schon mal die Prinzessin von Wimbledon. Auch ein Jahr später lauert Navratilova auf der anderen Seite des Netzes auf ihre Chance. Und wieder gewinnt Steffi in drei hart umkämpften Sätzen.

1990 dann ein Bruch. Die Affäre von Steffis Vater Peter Graf mit einem »Playboy«-Model bringt die heile Welt des Familien-Clans aus Brühl ins Wanken. Steffi verliert in Wimbledon im Halbfinale gegen Zina Garrison (USA), einer Spieler-Kollegin, die sonst nur selten auf Steffis hohem Niveau mithalten kann.

1991 ist Steffi dann wieder stark wie eh und je – in einem hochklassigen Damen-Tennismatch schlägt sie Gabriela Sabatini 6:4, 3:6, 8:6. 1992 und 1993 heißen Steffis Endspiel-Opfer Monica Seles (6:2, 6:1) und Jana Novotna (7:6, 1:6, 6:4). 1995 und 1996 unterliegt ihr Arantxa Sánchez im Finale. Es waren Steffis letzte Wimbledon-Titel.

1994 hatte Steffi der Sport-Welt die Schlagzeile beschert, als erste Titelverteidigerin der Wimbledon-Geschichte bereits in der ersten Runde ausgeschieden zu sein – 5:7, 6:7 gegen die weitgehend unbekannte Amerikanerin Lori McNeil. »Da hatte ich einen Total-Blackout«, lautet Grafs rückblickende Analyse. 1997 konnte sie wegen ihrer schweren Knieverletzung in Wimbledon nicht antreten.

Steffi heute: »Würde ich eine Top Ten aller meiner großen Siege aufstellen, würden dort sicherlich mehrere Wimbledon-Erfolge auftauchen. Ich denke, daß allein zeigt schon, wie sehr mir dieses Turnier ans Herz gewachsen ist.«

Steffi mit der wohl begehrtesten
Trophäe des Tennissports.
Linke Seite: Beim Fototermin in
wechselnder Begleitung, von oben:
mit Boris Becker (1989), Michael
Stich (1991), Andre Agassi (1992),
Pete Sampras (1993 und 1995)
sowie Richard Krajicek (1996)

1989: Der zweite Titel – und im vierten Anlauf endlich der erste Sieg über Martina Navratilova in Flushing Meadows

Rechte Seite: Rückenprobleme stoppen Steffi Graf in ihrem sechsten Finale. Sie verliert in drei Sätzen gegen Sánchez-Vicario

Fünf Siege im Hexenkessel

US Open

Bilanz: fünf Titel (1988, 1989, 1993, 1995, 1996), drei weitere Endspielteilnahmen (1987, 1990, 1994) und drei Halbfinalniederlagen (1985, 1986, 1991)

Steffi Graf ist ein Mensch, der das Leben in großen, flirrenden Metropolen liebt. Daher wundert es wenig, daß sie in New York zeitweilig sogar eine eigene Wohnung (in einer ehemaligen, renovierten Polizeistation) im Stadtteil Soho besaß und darüber hinaus die Tennis-Turniere im »Big Apple« sehr schätzte.

Es war im Sommer 1999 in New York, als Steffi Hintergründe ihres Rücktritts vom Profi-Tennis ausführlich vor der versammelten Weltpresse des Sports darlegte. Und es war ebenfalls New York 1999, wo ihr Verhältnis zu Andre Agassi bekannt wurde – weil sie ihm bei seinem Finalsieg bei den US Open von der Tribüne aus zuschaute. In den Jahren zuvor stand sie dort noch selbst auf dem in vielerlei Hinsicht »heißesten« Centre Court der Tennis-Tour und wurde als Spielerin gefeiert. Nur zweimal erreichte Steffi zwischen 1987 und 1997 bei den US Open nicht das Finale!

1985 wagte sich Steffi zum erstenmal in das »Abenteuer New York«, und erreichte auf Anhieb das Halbfinale, wo sie erst von Martina Navratilova gestoppt werden konnte. Auch ein Jahr später war im Halbfinale das Turnier für Steffi beendet. Wieder bremste Navratilova ihren Siegeszug. Sie brauchte diesmal allerdings schon drei Sätze zum Gewinnen. 1987 schließlich, Steffi war mittlerweile die Nummer eins der Welt, trafen die beiden so unterschiedlichen Frauen im Finale der US Open erneut aufeinander. Und wieder behielt die »alte Dame« die Oberhand. 1988 aber gelang – rechtzeitig zum Gewinn des Grand Slams – Graf endlich der erste Sieg im Riesenstadion (20 000 Zuschauer) von Flushing Meadows. 6:3, 3:6, 6:1 gewann sie gegen die fast gleichaltrige Rivalin Gabriela Sabatini. Und 1989 gab es auch noch Gelegenheit zur US-Open-Revanche mit Navratilova – in diesem Jahr triumphierte Steffi. 3:6, 7:5, 6:1!

1990 schlug dann die Stunde von Sabatini, als sie Steffi in zwei Sätzen im Endspiel abservierte. Und 1991 schlug noch einmal Martina Navratilova zurück, siegte im Halbfinale 7:6, 6:7, 6:4 gegen die Gräfin.

Doch es folgten für Steffi noch drei große Siege an Amerikas Ostküste: 1993 gegen Helena Sukova (ehemalige CSSR, 6:3, 6:3), 1995 und 1996 jeweils über ihre damalige Hauptkonkurrentin im Kampf um Platz eins der Welt, Monica Seles, 7:6, 0:6, 6:3 bzw. 7:5, 6:4.

1998, nach ihrer langen Verletzung, ist Steffi dann noch einmal als Spielerin zu den US Open gekommen. Immer noch nicht richtig fit verlor sie im Achtelfinale gegen Patty Schnyder (Schweiz). Steffis Fazit: »Es war nicht unbedingt der Abgang von dem Turnier, den ich mir gewünscht hätte. Aber es ging diesmal eben nicht besser. Dafür werde ich viele schöne Stunden in dieser Stadt und bei den US Open immer in Erinnerung behalten.«

OPEL
adidas

Besondere Momente für Steffi Graf

Olympia

1988 errang Steffi Gold in Seoul, nachdem sie bereits 1984 den Demonstrationswettbewerb (U 21) von Los Angeles gewonnen hatte. 1992 gab's immerhin Silber in Barcelona

1992 in Barcelona mußte sich Steffi Graf gegen Jennifer Capriati geschlagen geben, 1988 war hingegen ein Gold-Jahr (oben/rechte Seite)

Olympische Spiele und Tennis – dieses Thema sorgte lange Zeit für erregte Diskussionen. Schließlich waren die Tennisspieler mit die ersten Profisportler, die an Olympia teilnehmen durften, was wiederum vielen sogenannten Amateuren sauer aufstieß.

Steffi Graf waren diese Wortscharmützel stets »wurscht«. Und sie hat, weil sie nicht nur Tennis, sondern den Sport generell liebt, schon immer ein ganz besonderes Verhältnis zu Olympischen Spielen gehabt. Am 6. Dezember wurde diese Haltung mit der Verleihung des Olympischen Ordens in Gold ausgezeichnet.

Steffi und Olympia – 1984 schlossen sie in Los Angeles erstmals Bekanntschaft miteinander. In jenem Jahr – es waren die Sommerspiele, die von den meisten Ostblockstaaten boykottiert wurden als Revanche für die Absage des Westens an Olympia 1980 in Moskau – wurde Tennis als Demonstrations-Wettbewerb auf seine Tauglichkeit getestet.

Steffi war gerade am Anfang ihrer Karriere, und genoß, von der Öffentlichkeit unbehelligt, die Olympische Atmosphäre. Ihre Erinnerungen daran: »Das hat mir so gut gefallen, daß ich vier Jahre später, als Tennis erstmals offiziell zum Olympia-Programm gehörte, unbedingt dabei sein wollte. Unabhängig vom Golden Slam.«

Steffi reiste also im September 1988 zu den Olympischen Sommerspielen nach Seoul. Sie zog dort zunächst, wie alle anderen Athleten auch, ins Olympische Dorf. Wenige Tage war es ihr vergönnt, dort Kontakte quer durch alle Sportarten zu knüpfen. Sie joggte zum Beispiel mit Hürden-Aß Harald Schmidt, plauderte mit 100-Meter-Olympiasieger Carl Lewis in der Cafeteria oder feierte mit den Fechterinnen.

Doch irgendwann wurde der Rummel um den Superstar des Tennis so groß, daß Steffi, zu ihrem eigenen Bedauern, in ein Hotel umziehen mußte. Ihrer sportlichen Konzentration auf die ausstehenden Wettkämpfe tat dieses bestimmt gut. Denn im Finale des Olympischen Turniers besiegte sie Gabriela Sabatini 6:3, 6:3, wurde somit erste Goldmedaillen-Gewinnerin im Tennis in der Olympischen Geschichte – und gewann, netter Nebeneffekt, auch gleich nach dem Grand noch den legendären, und kaum jemals wieder zu erreichenden Golden Slam.

1992, die Olympische Familie gastierte diesmal in Barcelona, lebte Steffi ebenfalls zunächst einige Zeit im Olympischen Dorf bei den anderen Sportlern. Wieder erreichte sie das Finale, verlor dieses jedoch gegen ihre amerikanische Freundin Jennifer Capriati. »Ich habe ihr den Sieg gegönnt«, sagte Steffi später großherzig. Hingegen ärgerte sie sich sehr darüber, »daß ich 1996 in Atlanta wegen Verletzung nicht wieder bei Olympia dabei sein konnte.« Es ging ihr um das »Dabei sein« – und nicht um den Sieg.

Fair Play

Turniere in ihrer Heimat

Deutschland

Berlin: neun Titel (1986 – 1989, 1991 – 1994, 1996)
Hamburg: sechs Titel (1987 – 1992)
Leipzig: fünf Titel (1990 – 1993, 1998)

Filderstadt, Oktober 1982: Steffi Graf bestreitet ihr erstes Spiel als Profi auf der Tour. Richtig: Steffi machte ihre ersten Schritte in ihrem Beruf als Tennisspielerin auf deutschem Boden. Leider mußte sie gleich in ihrem allerersten Match gegen die damalige US-Weltklasse-Spielerin Tracy Austin (USA) antreten. Und somit war nach dem 4:6, 0:6 das erste Turnier mit der ersten Runde für Steffi auch schon wieder beendet.

Steffi Graf ist ein Mensch, der mittlerweile global denkt und lebt. Trotzdem steht sie zu ihren Wurzeln in Deutschland. »Ich werde immer meinen Erstwohnsitz hier haben«, hat sie unlängst zu Protokoll gegeben. Und auch dem deutschen Tennis fühlt sie sich weiter verbunden – so fördert Steffi zum Beispiel zusammen mit der Automobilfirma Porsche, dem Titelsponsor des Hallenturniers in Filderstadt, junge, talentierte Spielerinnen in einem Juniorinnen-Team.

Interessanterweise haben zwei Turniere hierzulande ihre Existenz in erster Linie Steffi Graf zu verdanken. Da ist zum einen Hamburg. Nachdem dort am Rothenbaum viele Jahre nur Männer Tennis spielten, wollten die Veranstalter ab 1987 auch wieder ein internationales Damen-Turnier etablieren. Weil Steffi dort in den ersten Jahren regelmäßig spielte (und siegte), kamen mehr und mehr Zuschauer und Sponsoren. Zum anderen hat Steffi, damals noch in Zusammenarbeit mit ihrem Vater und Manager Peter, das Hallenturnier in Leipzig mit aufgebaut. Dies war möglich geworden, indem die Grafs den Status des WTA-Turniers von einem US-Veranstalter (in Mahwah) gekauft hatten. Auch hier hat Steffi die Veranstaltung lange Zeit mit Anwesenheit und Erfolgen geadelt und sogar von ihrem ersten Preisgeld dort 70 000 Mark Startkapital für ein Tennis-Trainingszentrum in den Neuen Bundesländern spendiert.

Trotz allem ist die Verbundenheit von Steffi mit einem anderen deutschen Turnier am größten. Die Rede ist hier von den German Open der Damen in Berlin, vom Titel her bereits das wichtigste Turnier auf deutschem Boden. Dann kommt hinzu, daß Steffi Berlin und die Berliner einfach mag. Und wahrscheinlich liegt die gegenseitige Sympathie auch einfach daran, daß Steffi hier ein richtungsweisender Sieg glückte.

Es war im Frühjahr 1986, und Graf hatte zum zweiten Mal in Berlin das Finale erreicht. Vor einem Jahr war sie gegen »Altmeisterin« Chris Evert noch unterlegen (4:6, 5:7). Jetzt stand Steffi an der Schwelle zu einer ganz großen Karriere – und der zweiten »Altmeisterin«, Martina Navratilova, auf dem Platz gegenüber. Diesmal gewann die Deutsche das Generationen-Duell (6:2, 6:3). Und fortan wußte nicht nur sie, daß sie sich mit diesem Sieg den Weg an die Spitze geebnet hatte.

Halbfinale gegen Capriati 1992 in Berlin

Linke Seite (von oben): Steffi gewinnt 1993 das Turnier in Leipzig. In Deutschland trat Steffi unter anderem gegen Habsudowa (Berlin, 1996) und gegen Tauziat (Leipzig, 1998) an. Mit Capriati stand sie 1999 in Hannover im Doppel, gegen Sánchez-Vicario spielte sie im selben Jahr in Berlin

Ein Job mit Spaßfaktor

Es war eine schweißtreibende Aufgabe, denn keine andere arbeitete so hart wie sie. Aber wer die erfolgreichste Spielerin der Welt trainiert, weiß mit Sicherheit: Er steht meistens auf der Siegerseite

So clever wie er hat es noch kein anderer verstanden. Heinz Günthardt (40) war wohl die einzige Person in direkter Nähe von Steffi Graf, die ihre Ruhe behalten hat, die weiter tun und lassen konnte, was sie will. Die nicht angegangen und angequatscht und mit Fragen drangsaliert wurde, die eigentlich Steffi Graf galten.

Wie er das geschafft hat? Da schmunzelt Heinz Günthardt und schweigt sich aus. Und damit macht er wieder einen auf ahnungslos und harmlos – und genau dies ist offenbar das Rezept, seit er begriffen hat, welch hochbrisante Aufgabe es in Deutschland und der Welt des Tennis war, Steffi Graf zu trainieren.

Heinz Günthardt machte den öffentlichen Teil seiner Arbeit mit einer derartigen Überzeugungskraft und Routine, die der des Pressesprechers im Weißen Haus in nichts nachstand. Dabei war Steffi Graf seine bisher erste und einzige Station als Einzeltrainer. Vier Jahre lang hatte Günthardt zuvor die Mannschaft des LTTC Rot-Weiß Berlin in der Bundesliga gehalten. Kaum daß sie abgestiegen war, hatte Peter Graf bei Klubdirektor Eberhard Wensky – man kennt sich von den German Open in Berlin – angefragt, ob Günthardt ein guter Trainer sei. Wensky empfahl den Schweizer und der bekam den Job. Das war im Dezember 1991.

Es war eine Aufgabe auf Teilzeitbasis. Anders als Vorgänger Pavel Slozil, der von 1986 bis 1991 fest zum Graf-Team gehörte, betreute Günthardt die Deutsche nur bei den Großereignissen; ihr Vertrag bezog sich auf 25 Wochen im Jahr.

»Steffi brauchte mich nicht als Gesellschafter«, sagt Heinz Günthardt und lächelt sanft darüber, daß ihm wieder so eine Andeutung gelungen ist, ohne zuviel zu sagen. Und er braucht sie auch nicht. In seiner spärlich bemessenen Freizeit, sagt er, widmete er sich ohnehin der Familie. Der Schweizer lebt mit seiner Frau Cecilia, einer Schwedin, und den drei Kindern in Stockholm. Wenn Zeit für andere Dinge bleibt, dann gilt die allenfalls noch dem Journalismus, denn Heinz Günthardt ist fachkundiger Kommentator und gewiefter Interviewer beim paneuropäischen Sender Eurosport.

Zuletzt war viel Zeit, denn in der End-

Heinz Günthardt hält Distanz. Von Anfang an, sagt er, hat sich die Arbeit auf den Tennisplatz beschränkt

Seit Dezember 1991 war der Schweizer Günthardt im Amt. Zwölf Grand-Slam-Titel sammelte Steffi seitdem, darunter drei bei den US-Open (Foto)

1986 heuerte der wortkarge Tscheche Slozil bei den Grafs an. Schnell registrierte er, daß diese Spielerin »die professionellste Athletin« war, die er je getroffen hatte

phase ihrer Laufbahn war Steffi Graf viel verletzt. Und wenn sie sich meldete, dann ging es ums Tennis. Weiterführende, gemeinsame Interessen haben sie nicht, was natürlich nicht ausschließt, daß sie sich gut verstehen. Dennoch gilt wohl: »Wir waren«, sagt Günthardt, »eine Interessengemeinschaft für gewisse Wochen. Wir haben Vertrauen zueinander, was auch mit Respekt zu tun hat. Und da ich immer noch andere Dinge machte, als zu hundert Prozent ihr Trainer zu sein, hatte ich den Abstand, den ich brauche. Das ist darüber hinaus wichtig für den Überblick.«

Bei Steffi Graf erfuhr Pavel Slozil, wie knochenhart der Tennisberuf sein kann. Bis zu vier Stunden trainierten sie täglich

Es kommt dazu, daß Heinz Günthardt auf das Gehalt aus Brühl nicht angewiesen war. Der Schweizer war zehn Jahre lang ein guter Tennisprofi, beherrschte Anfang der achtziger Jahre mit dem Ungarn Balazs Taroczy die Doppel-Szene, wurde dreimal Doppel-Weltmeister und einmal Wimbledon-Sieger. Nachschlagen kann man, daß er damit ein Preisgeld von 1,5 Millionen Dollar verdiente, und wohl noch einmal die gleiche Summe durch Werbung und Sponsoring hinzu kam.

Dem Mixed Günthardt/Graf schadete dieses Fundament sicher nicht. Selbst Vater Peter hat einmal gesagt: »Die tägliche Arbeit mit Steffi, das sag' ich Ihnen, die ist nicht leicht. So launisch, wie sie manchmal sein kann.« Und dann hat er noch hinzugefügt: Ein Star sei eben ein Star.

»Wenn meine ganze Lebens-Existenz davon abhängen würde, daß ich morgen noch ihr Coach bin«, sagte Günthardt lächelnd, »bräuchte ich sicher noch mehr Hornhaut. So aber kann der Spaßfaktor am Job größer sein. Und das befreit die ganze Denkensweise.«

Womöglich war es eine unbewußte Vorsichtsmaßnahme, daß »sich meine Arbeit von Anfang an auf den Tennisplatz beschränkt hat«. Mit Familie Graf habe er »nur sehr wenig Zeit verbracht, jedenfalls weit weniger Zeit, als sich jemand vorstellen kann. Ich war keineswegs als so eine Art Familienmitglied involviert. Ich habe in den letzten fünf Jahren insgesamt allerhöchstens zehn Wochen in Brühl verbracht.« Dies hat ihn auch inmitten stürmischer Zeiten einen neutralen Beobachter bleiben lassen. »Wie Steffi drauf ist«, sagt er, bemerkte er bestenfalls bei der alltäglichen Übungseinheit. In dem Sinne, »daß sie auf dem Trainingsplatz öfters mal schlecht gelaunt ist«, wenn sich wieder mal Probleme aufgestaut haben, seien diese nun privater oder gesundheitlicher Natur.

Bei der praktischen Arbeit hat Heinz Günthardt, ein durchweg positiv denkender und optimistischer Mensch, an Steffi Graf »eine gewisse Sturheit« kennen- und schätzengelernt. »Wenn sie sich vornimmt, etwas zu tun«, sagt er, »wird sie es höchstwahrscheinlich auch bis zur bitteren Neige tun. Wenn es das Richtige ist, ist das gut. Wenn nicht, dann ist es schwierig, sie zu überzeugen.«

Tritt letzteres ein, ist die »Kunst des Coachings« gefordert. Wie das konkret funktionierte? Heinz Günthardt zieht es vor, abstrakt darauf zu antworten: »Wenn jemand ziemlich schnell und ziemlich stur wohin läuft, braucht es nur einen kleinen Stupser hier und einen kleinen Schubs da, und man kommt vom Weg ab. Das« – nun wechselt er und wird persönlich – »merkte sie gar nicht.« So funktionierte das also zwischen Steffi und ihm.

Eine goldene Uhr erhielt Slozil 1991 zum Abschied. 55 Turniersiege erreichte das Duo

Ende der achtziger Jahre ein Team: Steffi Graf, Klaus Hofsäss und Claudia Kohde-Kilsch (v. l.). 1987 gewannen sie zusammen den Fed Cup

Kleine diplomatische Schritte wählte er, was zeigt, daß er in der Spezies Trainer zu den ruhigen und sachlichen Typen zählt. »Es gibt andere Trainer, die machen es gern ein bißchen anders. Mit viel Show und viel Zeug dazu. Das ist nicht meine Welt.«

Es wäre keine Form, die zu Steffi Graf paßt. Es gibt nichts, was ihr mehr mißfällt als Show und Glamour. Und es gibt nichts, was ihr weniger Spaß bereitet, als in der Öffentlichkeit zu stehen. Passend dazu hat Heinz Günthardt, der die Graf-Crew auf Anhieb mit zwei Schweizer Tugenden überzeugte (absolute Zuverlässigkeit, Streben nach Perfektion), nie versucht, den Menschen, den er trainiert, zu ändern. Und auch nicht die Art, Tennis zu spielen. Er wollte und hat vielmehr sanft daran gearbeitet, »daß Steffi ihr Potential ausspielt«. Oft wurde ja konstatiert, Steffi spiele stets ihren Stiefel runter. Es ist wohl Günthardts Einfluß zu verdanken, daß sie sich im Laufe der gemeinsamen siebeneinhalb Jahre unbestritten ein variableres Spiel zugelegt hatte. Auch Günthardt sieht dies so: »Sie verkaufte sich wesentlich besser, als sie es früher getan hatte. Als ich anfing, mit ihr zu arbeiten, war eine ihrer Hauptsorgen, daß sie nicht ganz sicher war, ob sie sich nicht doch einen Rückhand- oder Vorhand-Topspin zulegen sollte? Dabei ist das gänzlich unwichtig. Eine gute Rückhand ist eine gute Rückhand. Ken Rosewall wurde mal gefragt: ›Warum spielen Sie nie eine Rückhand topspin?‹ Er antwortete: ›Weil ich noch nie eine gebraucht habe.‹ Ich sehe das genauso. Sicher, in gewissen Situationen brauchte Steffi eine, also haben wir sie geübt, und die konnte sie dann auch. Aber ansonsten paßte der Slice wesentlich besser in ihr Spiel als ein Topspin.« Und Jimmy Conors sei das Paradebeispiel, »wie man Erfolg mit nur ganz wenig Mitteln hat. Er hat einfach immer Crosscourt gespielt. Das konntest du entweder mitspielen, aber das war nicht gut, weil er es besser konnte. Oder du hast mal einen Ball longline gespielt aber das war auch keine gute Idee, weil er dich wieder cross geschickt hat, du also weiter laufen mußtest.«

Seit frühesten Leimener Tagen kümmerte sich Konditionstrainer Erko Prull um Steffis Fitness

Günthardt erwies sich in der Phase des Zweifels an der eigenen Stärke als einfühlsamer Lehrer. Weil er keine radikalen Änderungen wie Topspin-Rückhand oder Serve-and-volley verlangte, und weil er zu den Wurzeln von Steffis Spiel zurückkehrte. Zur gepeitschten Vorhand, zum Rückhand-Slice und zu ihrer unübertroffenen Beinarbeit. Und als ihre Stärken wieder funktionierten, gewann Steffi Graf den fast schon verlorengegangenen Spaß am Spiel zurück. Er kam mit den Siegen, und die wiederum schufen die Vertrauensbasis für die Dinge, die Heinz Günthardt neu einführen wollte. Beim Aufschlag. Bei der Rückhand.

Er schaffte es, daß Steffis Aufschlag an guten Tagen mit 182 Stundenkilometern härter kam denn je zuvor. Er machte ihn zudem effektiver – nicht nur hart, son-

1979 wird Steffi Graf im Alter von zehn Jahren ins Förderprogramm des DTB aufgenommen und trainiert täglich in Leimen mit Boris Breskvar. Manchmal muß auch ein rotblonder Junge gegen sie spielen. Sein Name: Boris Becker

Peter Graf wachte – nicht nur zu Beginn ihrer Karriere – stets darüber, daß seine Tochter ihren eigenen Stil findet

dern auch mit dem richtigen Kick. Die Rückhand hat auch neue Variationen bekommen. Mal kamen Steffis Slice kurz und cross, manchmal sogar kurz und longline. Auch beherrschte sie ihn längst aggressiv als Passierschlag bei der Abwehr von Netzangriffen. »Insgesamt aber flog der Ball gut zehn Zentimeter tiefer über das Netz«, sagt Günthardt. Das war zwar riskant, setzte die Gegnerin aber ungemein unter Druck.

Von diesen Fortschritten war nicht ein Hauch zu erahnen, als Steffi Graf im Januar 1991 in Melbourne beim ersten Grand Slam des Jahres im Viertelfinale mit 7:5, 4:6, 6:8 an Jana Novotna scheiterte. Zwar rieten ihr die Betrachter erstmals zum Trainerwechsel, doch noch verschmähte sie solchen Rat. Dabei drohte die Dominanz der späten achtziger Jahre endgültig zu schwinden. Große Siege waren rar geworden.

Wie immer war der Trainer an den sich mehrenden Niederlagen schuld. »Sie muß sich sofort von Slozil trennen«, meinte John Newcombe, ehemaliger australischer Topspieler. »Kein einziger Schlag ist locker, keiner wird richtig durchgezogen«, fand dessen ebenso bekannter Landsmann Fred Stolle.

Mit Pavel Slozil gestaltete ein wortkarger Tscheche aus Opava den Trainingsbetrieb, der an etlichen Tagen finster aus der Wäsche schaute. Vielleicht gründete seine Miene am Ende auf die über Jahre gewachsene Enttäuschung, Steffi Grafs Spiel nicht weiterentwickeln zu können, weil er es nicht durfte. Zwar war Steffi Graf an seiner Seite die Nummer eins geworden, doch anders als Boris Becker verweigerten sie und ihr Vater Peter Graf sich jedweden Fortschritts. Während Becker sich der veränderten Spielweise anpaßte, blieben die Grafs bei ihren Leisten.

»Sie hat sich nicht weiterentwickelt, wir alle aber sind besser geworden«, attestierte etwa die Amerikanerin Mary Joe Fernandez, und die Zahlen Anfang der Neunziger unterstrichen dies. 15 Turniere spielte Steffi Graf 1990, 10 gewann sie. Ein Jahr später siegte sie bei 15 gespielten Turnieren siebenmal. Zu wenig. In Brighton, an der englischen Kanalküste, offenbarte sie ihrem Coach in einem Vier-Augen-Gespräch, daß man sich trenne. Offiziell am Ende des Jahres.

Für Slozil ein Schlag ins Kontor, denn schon immer hatte er Steffi Graf zu einer taktisch vielseitigen Spielerin schulen wollen. Taktik ist das Steckenpferd des Mannes gewesen, der 1980 im Alter von 25 Jahren in die Profi-Tour eingestiegen war und dessen sportliches Gewicht eindeutig – wie bei Günthardt – auf der Seite des Doppels lag. Und zwar an der Seite seines Landsmannes Tomas Smid. 850 000 Dollar gewann Slozil als Spieler an Preisgeld, dennoch mußte er sich von seinem Trainer Jan Kukal nachsagen lassen: »Pavel verliert zu schnell den Mut, wenn es nicht nach Wunsch läuft.«

Ganz anders ist da Steffi Graf, deren Vater 1986 beschloß, den tschechoslowakischen Davis-Cup-Veteran als »Trainingspartner« anzustellen. Trainer durfte er nämlich am Anfang noch nicht sein – diese Stelle war für den Papa höchstselbst reserviert.

Trainingspartner waren immer wieder gefragt. In Australien 1997, wo Günthardt sich wegen eines Sturzes beim Eishockeyspielen nicht richtig bewegen konnte, sprangen australische Jugendspieler ein. Oft griff Manager Hans Engert, einst Bundesligaspieler und selbst erfahrener Trainer, zum Racket. Linkshänder Markus Schur, der früher die Navratilova mimte,

Da geht es ihnen gold. Steffi mit Vater nach dem Olympiasieg 1988

Die Grundlage ihrer ausgezeichneten Beinarbeit verschaffte sich Steffi Graf in Trainingseinheiten abseits des Tennisplatzes, hier durch Sprints am Strand

gehörte zum festen Spielpartnerstamm. Auch mit Thomas Rühle spielte sie. Er ist Angestellter der Graf GmbH in Mannheim und gehört zum Regionalliga-Team von BASF Ludwigshafen.

Slozil hatte als erster Trainingspartner eine Menge zu tun, denn Steffi gibt, auch wenn sie übt, nie auf – und das vier Stunden täglich. Ob er denn so lange durchhalte, hatte sich der Vater im Einstellungsgespräch erkundigt. Der Neue, der als Sparringspartner herhalten sollte, nickte. Doch Pavel Slozil wunderte sich gewaltig, weil der Job doch nicht mit links zu machen war wie ansonsten im Damen-Tennis: »Ich kann nicht in der Ecke stehen und sie laufen lassen, ich muß selbst laufen.«

Und er hatte sogar Zweifel, ob er ihren Ansprüchen genügen würde. Der Angestellte, der während seiner Berufsspieler-Zeit als Student für Agrarwissenschaften eingeschrieben war und immer, wenn er nach Prag zurückkehrte, Vorlesungen besuchte und auch Prüfungen abgelegte, erfährt zum erstenmal in seiner Laufbahn, wie anstrengend und knochenhart der Tennisberuf sein kann. Er streicht die bunten Abende mit seinen Freunden auf der Tour und verordnet sich Diät.

Behutsam darf Pavel Slozil, der inzwischen den Upgrade zum Trainer erfahren hat, sogar ein paar Neuerungen einführen. So die Video-Analyse und die muskelaufbauende Arbeit mit Gewichten. Später dann wird Erko Prull, ein früherer Leichtathlet, zuständig für das Konditionstraining. Auch er erlebt »Steffi als ein unglaubliches Bewegungstalent. Jede noch so schwierige Übung macht sie auf Anhieb nach.«

Schon nach kurzer Zeit schwärmt auch Slozil von der »professionellsten Athletin, die ich je getroffen habe«. Und diese Athletin wird 1987, im zweiten Jahr ihrer Partnerschaft, die Nummer eins.

Doch darf man natürlich die beiden Männer nicht vergessen, die in jahrelanger Arbeit den Grundstein für diesen Aufstieg gelegt hatten: Hauptsächlich Peter Graf, ihr Vater, und, unterstützend, Boris Breskvar, der auch Boris Becker ausbildete.

Dem Triumphzug seiner Schüler hat Boris Breskvar, der als Klubtrainer bei

Schwarz-Gelb Heidelberg begann, eine schmucke Tennisakademie zu verdanken. In gut und gern 5000 Trainingsstunden, das hat der 1,70-Meter-Mann mit den treuen braunen Augen, Sohn eines Arztes aus Ljubljana, ganz genau ausgerechnet, hat Steffi Graf in Leimen am Tennis-Einmaleins gefeilt. Nie hat er eine wiedergesehen, die »so maßlos ehrgeizig ist«.

Täglich chauffierte Familie Graf die Tochter ins Landesleistungszentrum. Dort brüllte Breskvar mit der Stimme eines Feldwebels über den Platz, wie Tennis richtig geht. Es war der reinste Drill. »Nur so«, doziert Breskvar und blinzelt dabei vergnügt aus seinen Augen, »kannst du den Killerinstinkt in den Kindern wecken. Ich wollte Steffi aggressiv machen. Sie sollte immer wieder versuchen, jeden Ball aufs härteste zu schlagen und zu killen.« Doch auch sein Einfluß hatte Grenzen. Stets wachte der Vater über dem Ganzen, selbst als Steffi 1979 ins Förderprogramm des Deutschen Tennis Bundes aufgenommen wurde. Und so verhinderte er, daß Steffi ein Trainer-Lehrgang-Einheitsstil verpaßt wurde. »Sie hat ihren eigenen, unverwechselbaren Stil mit ihrer gerade geschlagenen Vorhand, die die stärkste Waffe im gesamten Profitennis geworden ist«, so Bundestrainer Klaus Hofsäss (51), gut 20 Jahre in Diensten des DTB. Hofsäss, der als Trainer wie alle guten ein Schleifer ist (»Weichmänner will ich bei mir nicht sehen«), war ein Freund der Familie geworden, saß bei Turnieren in der Loge der Spielerin, weil er als Bundes-Jugendtrainer in den siebziger Jahren die Laufbahn der jungen Steffi Graf gegen den Willen der Tennis-Funktionäre gefördert hatte. Das hat ihm die Familie nicht vergessen.

Natürlich gehörte auch Stretching zum täglichen Trainingsprogramm einer Weltklasse-Spielerin

»Ja, die Steffi«, sagt Boris Breskvar, »die war schon als kleines Kind etwas ganz Besonderes. Die hat keinen Ball verlorengegeben. Und sich schon damals über jeden verunglückten Schlag wie verrückt geärgert.«

Fraglos, diesen Ehrgeiz hat sie vom Vater, Peter Graf. Er mag viele Fehler gemacht haben – als erster Tennistrainer seiner Tochter aber war er ein Phänomen. Er hatte kein Diplom wie Breskvar. Er hatte auch nicht die unschätzbare Erfahrung eines Turnierspielers wie Heinz Günthardt oder Pavel Slozil, die sich in die spielentscheidenden Abläufe, die sich in großen Matches vor großer Kulisse zutragen, hineinfühlen können. Er hatte auch nie eine Trainerstunde genommen, sondern sich das Tennisspielen selbst beigebracht. Getreu seiner Devise: »Abschauen ist erlaubt«. Vater Graf las viel über Taktik und Technik in Büchern, hörte Fachleuten zu, und anfangs rief er sogar spät des Nachts bei Breskvar an, um Tips zu sammeln.

Solange er seine Tochter begleitete, hatte er die hundertprozentige Kontrolle und immer das letzte Wort zum Spiel seiner Tochter. »Ich habe schließlich«, so Peter Grafs Standardargument, »mit der Steffi begonnen Tennis zu spielen, als sie vier war.«

Eine Aussage, die damals vor allem Pavel Slozil vor Probleme stellte und heute – nach dem Ende ihrer Karriere – nur noch Erinnerungswert hat .

Die Firma

Jahrelang richtete der Vater alles. Als sein Imperium zerbrach, setzte Steffi Graf sich selbst an die Spitze des Unternehmens

Sie sind die Firma. Von links: Halina Malinowski, seit vielen Jahren Sekretärin, Angelika und Hans Engert (Geschäftsführer), hinter Steffi: Achim Jeckle (Werbung), dann Pascal Zimmer (Event-Manager), Claudia Kühne (Buchhaltung)

Zwei Tage nach dem Tag, an dem man die Menschen in den April schickt, kam in viele deutsche Redaktionen ein Fax mit einer überraschenden Botschaft: »Die Steffi Graf Sport GmbH«, hieß es darin, »ist umgezogen.«

Die Nachricht war kein Scherz, sie stimmte. Und es handelte sich um eine wichtige. Denn mit dem Bürowechsel, den die Chefin 1997 vollzog, machte Steffi Graf einen weiteren großen Schritt: Den

Schritt weg von zu Hause, aus dem Luftschiffring in Brühl, aus der alten Villa und damit dem direkten Umfeld der Familie. Dieses Manöver belegte also ihren unbedingten Willen zur totalen Unabhängigkeit.

Peter Graf, der jahrelang alles richtete, hat sich damit abfinden müssen. Der Zugang zum Tennis-Unternehmen seiner Tochter bleibt ihm auch in Zukunft verwehrt. Statt ein paar Schritte quer durch den Garten bis hin zu den Schreibtischen der Mitarbeiter zu machen, wird er nun – wie jeder andere – wohl in die Zeitung blicken müssen, um Neuigkeiten aus dem Betrieb zu erfahren. Und damit wußte er endgültig, daß ihn Steffi Graf durch den einzigen Menschen ersetzt hat, der ihren Ansprüchen genügt: durch sich selbst.

Geschäftspartner und Freunde hatten ihr diesen Schritt nahegelegt, um die geschäftliche Abnabelung und den persönlichen Reifeprozeß deutlich zu machen. Sie wagte es, wenngleich Geld und Geschäfte nicht ihr Ding sind. »Anwälte, Steuerberater, das war für mich absolutes Neuland, weil ich mich nie um diese Dinge gekümmert habe. Ich wurde da reingeschmissen, ohne zu wissen, wo was war. Ich mußte mich erst einige Monate da reinhängen, um die Problematik zu verstehen«, erzählte sie. Menschen wachsen an ihren Aufgaben – das gilt für Sportstars wie für jedermann. Steffi Graf hat die schlimmste Zeit ihres Lebens genutzt, um eine »relativ erwachsene und emanzipierte Frau« (»Die Woche«) zu werden. Im Schnellkurs entwickelte sich die Tennisspielerin zur Unternehmerin.

Ihr Alptraum hatte im August 1995 mit

Engert, früher selbst Tennis-Profi, trainierte gern und oft mit Steffi Graf. Der Tennislehrer aus Mannheim kennt sie von Kindesbeinen an

Unzertrennliches Doppel. Heidi Graf begleitete die Tochter auf fast allen Reisen

der Verhaftung des Vaters begonnen, der daraufhin wegen Steuerhinterziehung von zwölf Millionen Mark und versuchter Hinterziehung von weiteren drei Millionen Mark verurteilt wurde. Mit ihm war die gesamte, auf seine Figur zentrierte wirtschaftliche Struktur des sogenannten Graf-Clans zusammengebrochen.

Natürlich brauchte Steffi Graf Hilfe für ihr neues Leben. Tennis, Training und alles andere zur gleichen Zeit – da konnte sie irgendwann nicht mehr. »Meine Tage haben gar nicht mehr geendet. Es lag ja alles brach, niemand wußte, wer was machen sollte.«

Auf die Frage, wer ihr denn aus der Krise geholfen habe, sagte Steffi Graf in der »Süddeutschen Zeitung«: »Da hat mir mein Freund geholfen, meine Freunde, meine Mutter, mein Bruder. Man muß mit jemandem reden können. Aber normalerweise mache ich meine Probleme mit mir selbst aus, ich kann da nicht ganz locker drüber reden, leider. Das muß ich noch lernen, ich versuche es auch schon.«

Die, die in ihrer Nähe sind, sind beeindruckt. Denn auch diesen Lernprozeß absolviert sie im Eiltempo. Geradezu einen Crashkurs in Sachen Persönlichkeitsentwicklung habe sie absolviert, sagt Hans Engert, der Geschäftsführer ihrer Firma. Sie habe ihr Schicksal in die eigenen Hände genommen, sei erwachsen geworden. »Sie hat eine Beziehung zu Geld entwickeln müssen«, erklärt Engert. Und: »Jeder, der mit ihr arbeitet, ist überrascht, wie unglaublich professionell sie agiert.« Angekündigt hatte sie schließlich, wie ein Chef zu reden und zu handeln: »Ich werde alle wesentlichen Entscheidungen selbst treffen und deren Ausführung kontrollieren.«

Hans Engert fällt dabei die Schlüssel-

Michael Graf (l.) und Schwiegertochter Elaine (r.) haben 1995 Heidi Graf den ersten Enkel beschert

rolle zu. Er war dabei, als es ans Eingemachte ging. Als Steffi Graf nach den US Open, also in der zweiten Septemberwoche 1996, wiederkam, ist sie »vier Tage lang nicht aus dem Büro gekommen. Trotzdem habe ich mit Hans Engert nicht mal alles durchsprechen können. Nicht mal zu einer Stunde Tennis bin ich in diesen Tagen gekommen.«

Hans Engert hat früher mit Steffis Vater Tennis gespielt. In der Bundesliga trat er für Grün-Weiß Mannheim an. »Da habe ich als kleines Mädchen zugeschaut«, so Steffi. Später hat sie mit ihm trainiert. Engert wiederum kennt Tochter Graf noch aus einer Zeit, als sie noch nicht auf eigenen Beinen stehen konnte. Seit mehr als einem Dutzend Jahren ist er Trainer des Regionalligisten BASF Ludwigshafen und Verbandstrainer in Rheinland-Pfalz. Nun hat er den Fulltime-Job, die Graf-Firma zu führen. Dabei sucht er Steffis Mitarbeit. »Sie weiß, daß sie mir uneingeschränkt vertrauen kann. Es wird nie irgend etwas passieren, was ihren Interessen entgegenläuft.« Und dieser Satz ist in Anbetracht der Geschehnisse der Vergangenheit ganz sicher keine Floskel.

Wer gehört des weiteren zu ihren Vertrauten? Wer bei großen Turnieren auf die für ihren Anhang reservierten Sitzplätze schaute, fand Hans Engert in der Mitte der ersten Reihe. Neben ihm Steffis Bruder Michael und Mutter Heidi – beide stehen, immer wenn es wichtig wird, im Dienst von Steffi. Außerhalb der Turnierzeit verbringen beide ihre Zeit überwiegend in den Vereinigten Staaten von Amerika.

Neulich war Heidi Graf wieder mal in Florida. Da klappte Hans Engert abends seinen transportablen Computer auf und schickte ihr eine E-Mail via Satellitenleitung ins Haus, weil sie zu allen wichtigen Themen gehört wird. Steffis Mutter ist, was die Tenniskarriere und die Tennisgeschäfte ihrer Tochter angeht, eine Art Chefbetreuerin und Chefberaterin. Ihre Meinung zählt. Und als die Tochter bei den Australian Open 1997 beinahe kollabierte – wer war als erste in der Kabine? Die Mutter. Und wer kochte in Paris im angemieteten Appartement die Spezialität des Hauses und nicht das, was die Ernährungswissenschaftler aufgeschrieben haben? Die Mutter. Und wer nahm sie nach Niederlagen tröstend in den Arm? Die Mutter. Wenn sie mal nicht mitreiste, telefonierten sie. Stundenlang. Das Telefon hält Steffi schließlich für die größte Errungenschaft der modernen Gesellschaft.

Mit Michael Graf ist die Verbindung etwas anders geworden. Früher wurde behauptet, Steffis zwei Jahre jüngerer Bruder habe die besten Tanzpaläste zwischen Brühl und Boca Raton in Florida, von Marbella, New York, London und Paris gekannt. Das war sicherlich richtig. Doch der Junge ist inzwischen verheiratet und Vater geworden und damit ruhi-

Klaus Hofsäss hat 1997 Steffi Graf als seine Nachfolgerin im Amt des Teamchefs beim Fed Cup ins Gespräch gebracht. Sie lehnte ab

Wilson

Wie die Mutter,
so die Tochter:
Beide sind äußerst
tierlieb. Das Hunde-
baby spürt's schon

Bei den German Open 1996 in Berlin saß plötzlich ein Neuer in der Graf-Loge: Hans Engert (hier noch mit Schnauzbart). Hinten v. l.: Physiotherapeut Uwe Capellmann, Klaus Hofsäss, Heidi Graf, Chiropraktiker Greg Marquisee. Vorne l.: Angelika Engert, Graf-Freundin Sandy (r.)

ger. Er lebt mit seiner Frau Elaine und Sohn Torren in Florida. Trotzdem lange nicht vorbei war die Zeit, wo er bei den großen Turnieren, den Grand-Slams, auf der Tribüne saß. Und 1996 dokumentierte Michael Graf seine Nähe zur Schwester, indem er mit Hilfe eines Video-Teams den Turnieralltag von Steffi auf Magnetband bannte. Zu diesem Genre fühlt sich Michael Graf, der im Sommer 1994 seine Rennfahrerkarriere in der Formel-3 hat sausenlassen, hingezogen. Ein halbes Jahr später gründete er mit seinem Freund Thomas Zeumer, Chef der bekannten New Yorker Modell-Agentur Metropolitan, die Fernsehproduktionsfirma »GRAZE-TV«.

Wer sodann den Blick in Steffis Spielerloge weiterschweifen ließ, der fand manchmal noch Ex-Bundestrainer Klaus Hofsäss dort sitzen, der mit der Platzwahl seine innere Verbundenheit ausdrückte. Er hat Steffis Trainer Heinz Günthardt als aufmerksamen Beobachter gesehen, der seine Aktivitäten seit jeher auf das Sportliche beschränkte. Bei Turnieren in den USA konnte es sein, daß Phil de Picciotto auch dabei war. Picciotto, immer in feinstes Tuch gehüllt, ist von der Vermarktungsfirma Advantage und war früher Steffis persönlicher Manager in Übersee. Den Vertrag hat sie 1996 gekündigt. Seither leistet er Zulieferdienste, leitet Anfragen im Tennis- und Promotionbereich weiter.

Nur einen sah man eigentlich selten in der Graf-Loge. Ihren Freund Michael Bartels, der Rennfahrer, den Steffi über ihren Bruder kennenlernte. Bartels bevorzugte den weniger exponierten Sitzplatz. Ja, er war mal in Australien. Ja, er war dort auf der Tribüne nicht zu sehen. Ja, er war mal Weihnachten in einer Talkshow. Ja, er plauderte nichts aus. Nur soviel: Schön

wären »ein paar Tage allein mit Steffi, ein bißchen Skifahren und eine romantische Kutschfahrt im Schnee«. Ansonsten weiß man, die Beziehung währte gut und gern sieben Jahre, und eine Zeitlang teilten sie sich eine Wohnung in Heidelberg. Immer aber auch behielt er sein Domizil in Plettenberg (Sauerland), wo er geboren ist. Bartels, der 1986 Formel-Ford-Meister wurde und 1988 Vize-Europameister der Formel-3, steht den deutschen Formel-1-Stars zwar in Härte, Fitneß und Willenskraft in nichts nach, aber vom Talent her reicht er nicht ganz an sie heran. Dennoch hatte er als erster den Sprung in die Formel 1 geschafft. 1991 fuhr er vier Pre-Qualifyings mit dem nicht konkurrenzfähigen Lotus. Der gelernte Versicherungskaufmann, der immer ein Händchen dafür hatte, einen persönlichen und potenten Sponsor aufzutun, war kurze Zeit selbst als Manager der Graf-Firma im Gespräch. Da überlegte Steffi Graf, nach dem Vater den Freund einzusetzen, dann aber entschloß sie sich, es selbst zu tun, unterstützt von einem Geschäftsführer. An dem Tag, als sie Engert aussuchte und fragte, war Bartels dabei.

Ach ja, er ist Schalke-Fan, weswegen sie die UEFA-Cup-Finalspiele am Bildschirm miterlebte und mitgezittert hat. Aber man sieht daran: Wenig bis gar nichts war bekannt von ihrer Privatsphäre. Im Sommer '99 endete ihre Beziehung und eine neue Freundschaft begann – die mit Andre Agassi.

Früher war immer vom Graf-Clan die Rede. Ansonsten kursierten Gerüchte und Episoden. Dazu die folgende: Man schrieb das Jahr 1990, und im 18. Stock des piekfeinen »Regent«-Hotels von Melbourne hatte sich eine Gesellschaft um Steffi Graf versammelt, die auf den ersten Grand-Slam-Sieg der Saison anstoßen

1989 spielte Steffi
im Otto-Film
»Der Außerfriesische«
eine Nebenrolle

wollte. Ein Mann am Piano sorgte für Musik, der Sänger Cliff Richards für den Farbtupfer des frühen Abends. Sie stand mitten im Raum, im kleinen Schwarzen und mit Blumen im Arm. Die Laudatio eines Journalisten begann: »Liebe Steffi, lieber Graf-Clan …« »Wie bitte?« herrschte sie energisch dazwischen.

Den Begriff »Clan« als Bezeichnung für den Kreis ihrer Vertrauten aus Familie, Freunden und Angestellten hörte sie nie gern. Dennoch paßte er vortrefflich auf diesen beizeiten bis zu einem Dutzend Personen umfassenden Kreis, den der Vater um sich geschart hatte: Eine bunte Mischung von alten Gefährten aus der Provinz (Schmitt, Eckardt) bis hin zu Ulknudel Otto Waalkes, der eine Männerfreundschaft mit dem Vater pflegte. 1989 durfte Otto, der in der Tat ein respektabler Tennisspieler ist, Steffi gar in die Handlung eines seiner Filme einbauen. Und zeitweilig witzelte er: »Ich bin der Vergnügungstrainer von Steffi.«

Der Vater aber stand allzeit im Zentrum der Macht. Despotisch. Und wenn er sprach, dann nur in der »Wir«-Form. »Wir müssen jetzt zum Training«. – »Wir haben morgen ein schweres Match.« – »Wir haben im Moment überhaupt keine Zeit.«

Paris 1995: Michael Bartels an der Seite von Steffis Eltern

So schuf er ein mysteriöses Ganzes. Die Steueraffäre verwandelte schließlich Peter Grafs Trutzburg in ein gläsernes Modell und läutete eine schwere Zeit für Steffi Graf ein. Die Öffentlichkeit wurde Zeuge eines Wirtschaftskrimis – mit schwarzen Konten in Liechtenstein, einem Gestrüpp aus Briefkastenfirmen und Scheinunternehmen.

Nur eines ist ziemlich sicher: Ohne diesen Fall, der die reichste Tennisspielerin der Welt zu einer radikalen Wende in ihrem Leben zwang, würde heute keine Steffi Graf Sport GmbH existieren.

Nach einem großen Sieg suchte Steffi Graf meist den Kreis ihrer Vertrauten

Spiel, Satz und Schmerz

Mal quälte sie der Rücken, mal das Knie. Lange beherrschte sie die Kunst, den Schmerzen zu trotzen und die Beschwerden zu ignorieren

»Ich trage mich mit dem Gedanken, ein Buch über die Ärzte dieser Welt zu schreiben. Nenn mir eine Großstadt auf dieser Welt, und ich sage dir, welcher Arzt gut und welcher schlecht ist. Ich kennen sie alle.«

Steffi Graf

Es ist Besessenheit, die Siegertypen macht: Der Wille zum Durchhalten. Die Kunst, Schmerzen zu ignorieren. Die Bereitschaft, den Körper permanent zu Spitzenleistungen zu zwingen. Auch über das nach menschlichem Ermessen Zumutbare hinaus.

Körperlich hat eine wie Steffi Graf offenbar auch andere Grenzen. Doch irgendwann wurde es auch ihr zuviel. Melbourne, 19. Januar 1997: Ein stummer Dialog Ende des zweiten Satzes. Mutter Heidi sendete einen bangen Blick aus der Ehrenloge hinunter auf den Centre Court und empfing ein unmißverständliches, frustriertes Kopfschütteln ihrer Tochter. Nichts ging mehr an jenem glühendheißen Sommertag, der eine dramatische 2:6, 5:7-Niederlage gegen Amanda Coetzer mit sich brachte. »Ich hatte keinen Tropfen Energie mehr«, ließ Steffi Graf später in einer schriftlichen Erklärung

Die dramatischste Folge der unendlichen Geschichte von Erkrankungen und Verletzungen: Nach einer Zehenentzündung stand Steffi Graf 1997 mit Fieber auf dem Centre Court in Melbourne, litt und verlor.

verbreiten. Entkräftet durch Fieber, Antibiotika und eine schlaflose Nacht, in der vergeblich versucht wurde, eine Zehenentzündung zu heilen.

Statt sich in Ruhe zu kurieren, hetzte sie weiter, zum nächsten Turnier, nach Tokio. Und dort verketteten sich die Umstände endgültig ins Negative. Zum Finale durfte sie wegen stechender Knieschmerzen nicht antreten.

Gut drei Monate vergingen bis zum Weg zurück, bis zu der Botschaft: »Mein Knie ist wieder voll belastbar, und auch der Rücken spielt mit.« Aber ihre Form hat Steffi Graf, der 1997 erst am 24. Mai der erste Turniersieg des Jahres (so spät wie noch nie in einer Saison seit 1986) glückte, noch längst nicht zurück. Zu erkennen war dies in Paris, als sie erneut eine Zweisatz-Niederlage gegen die Südafrikanerin Coetzer hinnehmen mußte.

Das mag ärgerlich sein, verwunderlich ist es indes nicht – nach zehn Wochen ohne jede sportliche Aktivität und gerade erst erfolgter Rehabilitation. »Nach 100 Tagen Pause kann sie nicht erwarten, daß sie sofort wieder das Damen-Tennis unter Kontrolle hat«, meinte DTB-Präsident Dr. Claus Stauder.

Was hatte Steffi insbesondere 1997 nicht alles probiert: Es waren die Ärzte des Olympia Stützpunktes Heidelberg, die die Aufbauarbeit leisteten. Allen voran Dr. Hans Pässler, Kniespezialist mit ausgezeichnetem Ruf in der Leistungssport-Sektion. Außerdem weilte Steffi vier

In Australien, 1997, war sie dem Hitzschlag nahe. Mit Eis verschaffte sie sich Kühlung. Das Spiel gegen Amanda Coetzer war so nicht zu gewinnen: »Ich hatte keinen Tropfen Energie mehr.«

Steffi Graf am Boden, die Physiotherapeuten bei der Arbeit – 1995 in Key Biscayne und 1994 in New York mußte sie während ihrer Wettkämpfe eine Auszeit nehmen und sich behandeln lassen

Wochen in Gars bei Wien bei Willi Dungl. Physiotherapeut nennt er sich, aber für den früheren Skirennläufer Franz Klammer oder den Formel-1-Rennfahrer Gerhard Berger ist er »ein Guru«. Wie runderneuert fühle sie sich nach »sehr viel Massage, Lymphdrainage. Dann gab es Unterwassermassagen. Ich habe gleich alles mitauskuriert, auch meinen Rücken.« Der Rücken war es, der »die letzten Jahre ein bißchen gestört« hat, mit dem es aber »in letzter Zeit eigentlich besserging«. Doch eine Lösung von Dauer war ausgeschlossen. Steffi Graf plagt ein sogenannter Rückensporn. Diese Wucherung aus Knorpel und Knochen sitzt an der Wirbelsäule im Bereich des Kreuzbeins. Nur eine mehrstündige, nicht ganz ungefährliche Operation könnte sie davon befreien, teilten ihr die Ärzte mit. Deswegen beschloß sie, mit dem Sporn und den Folgen zu leben. Und zu den Folgen gehört eben, daß der Sporn am Gewebe und am Hüftbeinknochen scheuert und damit in unregelmäßigen Abständen immer wieder Entzündungen verursacht, was natür-

Rechte Seite: Auch 1999 holten Steffi Graf ihre Rückenprobleme ein. Die behandelnde Turnier-Ärztin konnte nicht verhindern, daß sie ihr Viertelfinalmatch bei den German Open gegen die Französin Julie Halard-Decugis in drei Sätzen verliert

adidas

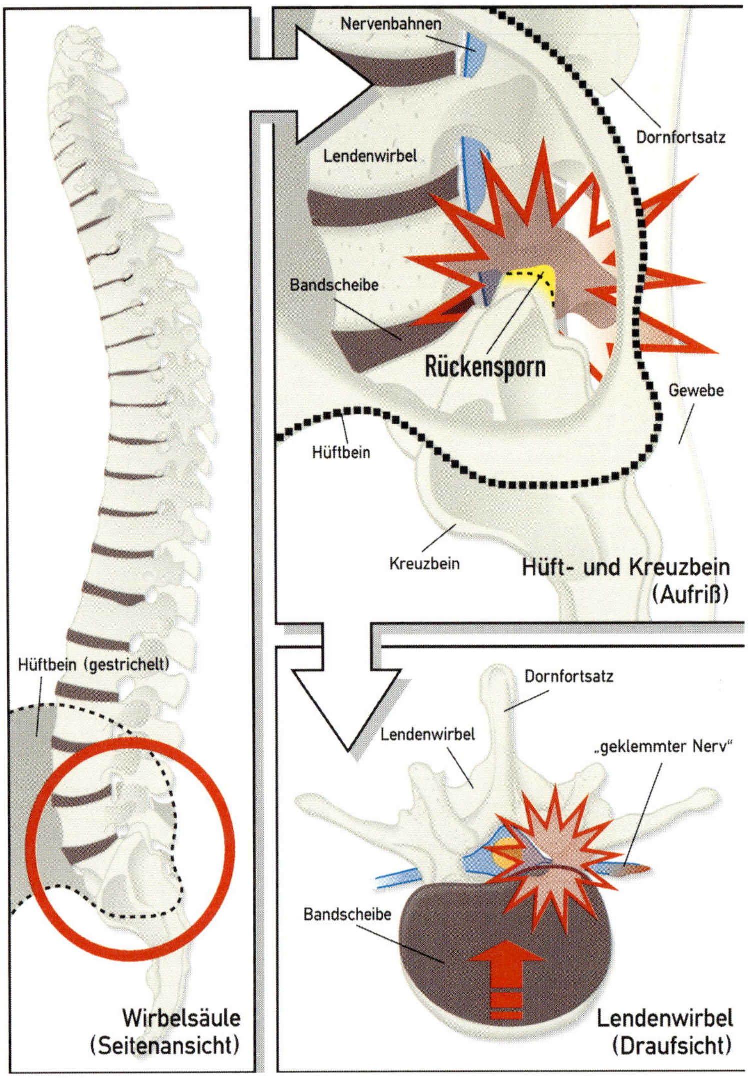

Oft faßte Steffi Graf zum unteren Bereich der Wirbelsäule, weil sie Schmerzen hatte. Das liegt an einem Rückensporn, der ihr im Bereich des Kreuzbeins gewachsen ist. Diese Wucherung scheuert am umliegenden Gewebe und dem Hüftbeinknochen, was immer wieder zu Entzündungen führen kann. Schmerzen und unbewußte Schonhaltung sind die Folge. Und wer sich schlecht – schief – hält, verkantet die Wirbel, die dann ihrerseits auf die Bandscheiben drücken

lich Schmerzen bereitet. Schlimmer noch ist, daß diese zu einer Schonhaltung führen, die wiederum problematische Folgen hat. So verkantet sie ihre Wirbel, was die Bandscheiben belastet. Die wiederum drücken auf Nervenbahnen. Am Ende führt dies zu Hexenschuß, in extremen Fällen sogar zu Lähmungserscheinungen.

Um mehr Halt zu verspüren, trug Steffi Graf deswegen ein stützendes Korsett. Und zu ihrem Glück lernte sie über einen befreundeten Fotografen den aus Kalifornien kommenden Chiropraktiker Greg Marquisee kennen. Bei Gelegenheit zählte Marquisee zu ihren Turnierbegleitern, um im Falle eines Falles Hand anlegen zu können. Kurioserweise wurde es mit dem Rücken aber auch ab dem Moment besser, als sie genervt jede Aufbaugymnastik einstellte. Doch das eine führte oft zum anderen. Das Schlimme ist nämlich: Wenn es Steffi Graf ein bißchen zwickte, schonte sie sich nicht. So plagte sie sich Anfang 1996 während mehrerer Matches mit Krämpfen, weil sie spielte, ohne zuvor trainiert zu haben. »Es kam vom Rücken. Ich habe alle paar Wochen Bluttests machen lassen, weil ich nicht wußte woher das kam. Ich habe Vitamine und alles mögliche genommen, nichts half.«

Die immer wieder eingelegten kurzen Pausen halfen nichts. Vor Wimbledon und den US-Open 1996 trainierte sie beispielsweise nur zwei Tage. Statt abzusagen, dachte sie von Match zu Match und hoffte, »während des Turniers fit zu wer-

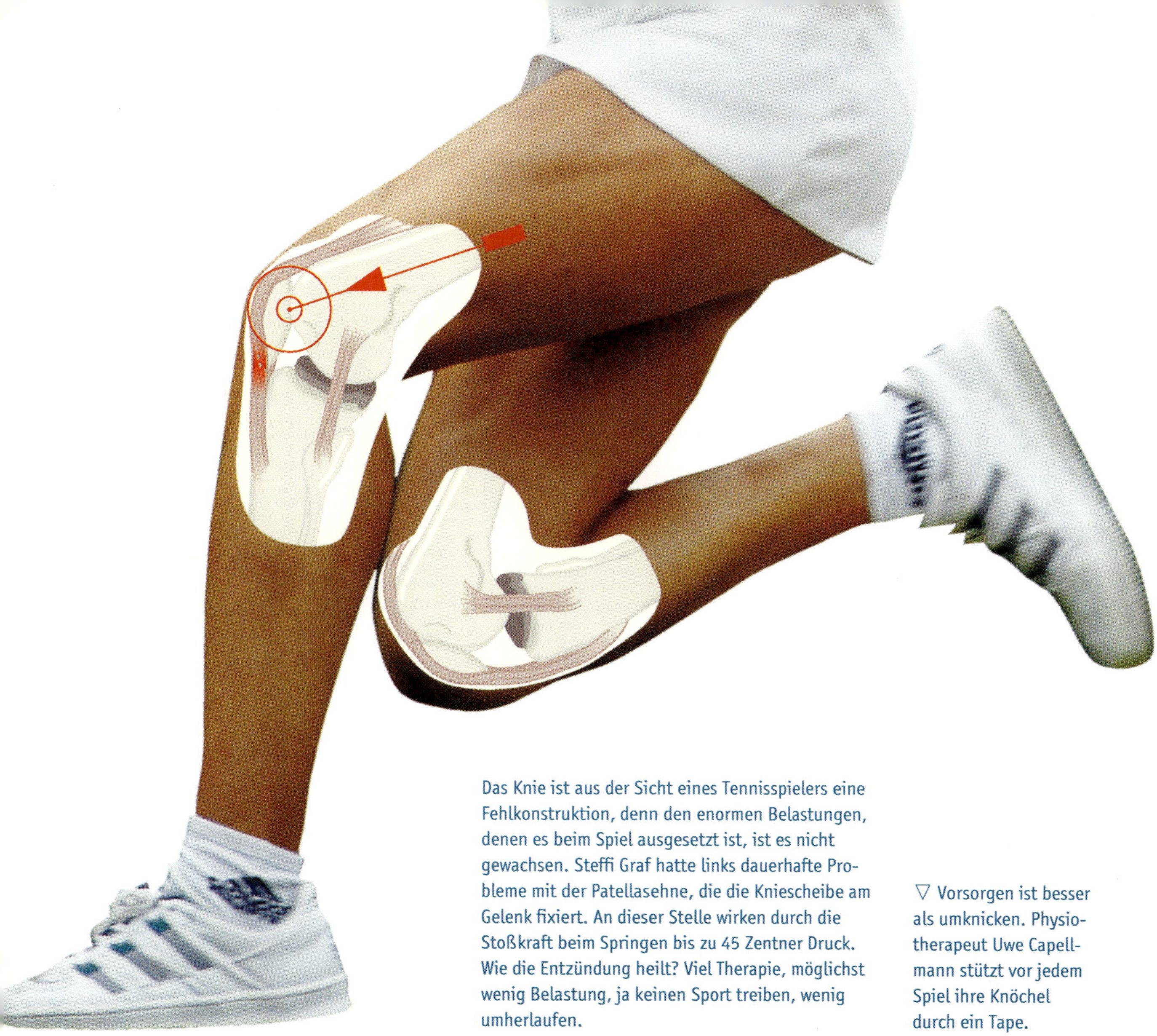

Das Knie ist aus der Sicht eines Tennisspielers eine Fehlkonstruktion, denn den enormen Belastungen, denen es beim Spiel ausgesetzt ist, ist es nicht gewachsen. Steffi Graf hatte links dauerhafte Probleme mit der Patellasehne, die die Kniescheibe am Gelenk fixiert. An dieser Stelle wirken durch die Stoßkraft beim Springen bis zu 45 Zentner Druck. Wie die Entzündung heilt? Viel Therapie, möglichst wenig Belastung, ja keinen Sport treiben, wenig umherlaufen.

▽ Vorsorgen ist besser als umknicken. Physiotherapeut Uwe Capellmann stützt vor jedem Spiel ihre Knöchel durch ein Tape.

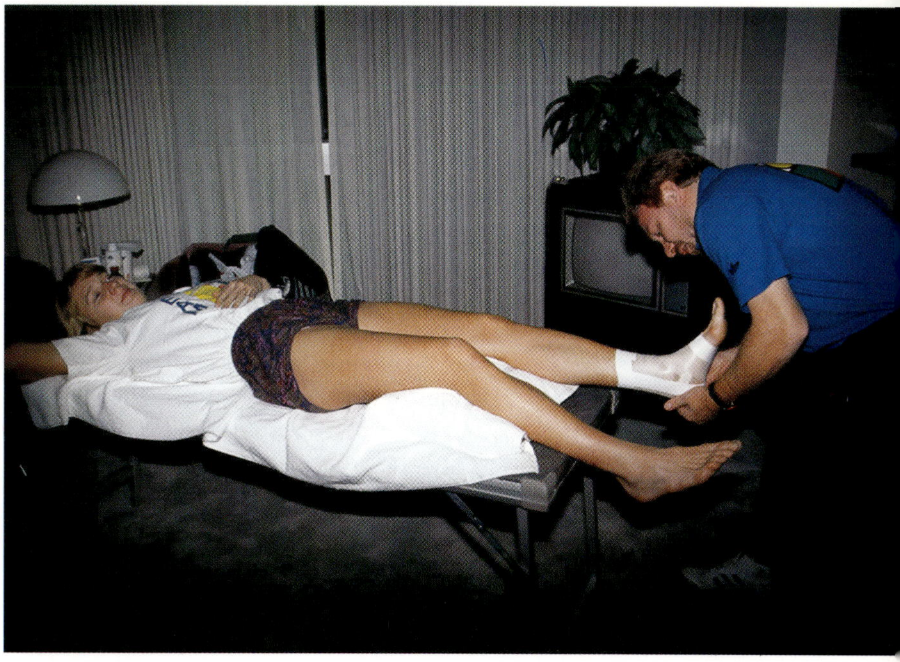

den und Spielpraxis zu sammeln«. Es wirft kein gutes Licht auf die Konkurrenz im Damen-Tennis, daß sie in beiden Fällen den Turniertitel verteidigte. Und beide Male meinte Steffi Graf hinterher: »Ich hätte nicht auf mich gewettet.«

Die große Pause mußte also kommen für eine, deren Therapieeinheiten im Leistungszentrum in Heidelberg längst den Großteil ihrer Zeit eingenommen hatten und für die an reguläres Training kaum zu denken war. Daß dem so war, verriet eine Antwort von Trainer Heinz Günthardt. Frage: Inwieweit hat die Steueraffäre ihr Training beeinflußt? Antwort: »Gar nicht. Was uns beeinflußt, sind die Verletzungen: Fuß, Rücken, Knie.«

Tennis ist anstrengend. Seit sie fünf Jahre alt war, stand Steffi Graf auf dem

Bei einem Ausrutscher auf eisglatter Straße in St Moritz splitterte ein Teil des Knochens. Die Hand mußte in Gips

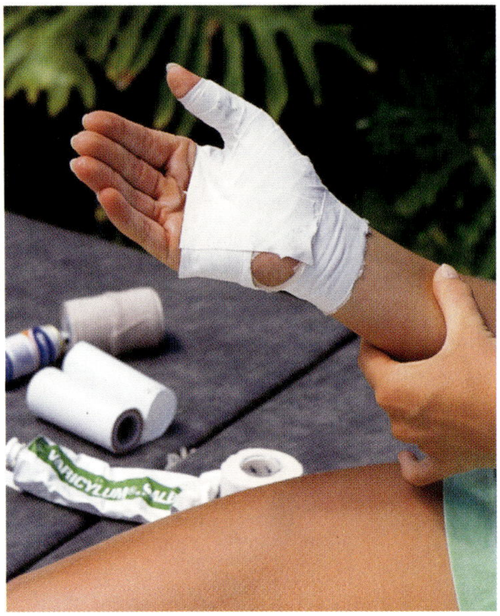

Tennisplatz. Kein Wunder also, daß das Spuren hinterließ. In den Archiven führen Dokumentare säuberlich Buch, wann Steffi Graf welche Beschwerden hatte. Wer es durchzählt, kommt auf mehr als eine halbe Hundertschaft an Verletzungen und Erkrankungen binnen 18 Jahren, die zu Spielpausen führten. Es scheint, als sei kein Körperteil verschont geblieben. Vom Bruch des kleinen Fingers links (am 1. Juli 1981, während sie Basketball spielte) über eine Herzmuskelentzündung (15. Mai 1985) bis hin zu besagter Nagelbettentzündung des großen Zehs in Melbourne (18. Januar 1997)

In Melbourne schloß sich übrigens der Kreis. Beim Turnier des Jahres 1989 fiel erstmals auf, daß Steffi Graf aus einer kleinen Spraydose kühlendes Ethylchlorid links unten gegen ihr Knie sprühte. Erstmals laborierte sie an einer Reizung der Patellasehnen-Spitzen an der linken Kniescheibe, der Verletzung, die ihr – neben den Rückenproblemen bis zum Karriereende die größten Beschwerden bereitet hat. Eine Knieverletzung dieser Art entsteht durch permanente Belastung, die in Überbelastung mündet. Schließlich lastet auf der Kniescheibe bei den Bewegungen, die das Tennis erfordert, ein Druck von bis zu 45 Zentnern. Und eben diese Kniescheibe wird von der Patellasehne gehalten.

Knieprobleme zählen zu den sieben großen Maleschen der Berufstennisspieler. Außerdem sind es Rückenschmerzen, Knochenbrüche, Tennisarm, Infektionen der Atemwege, nervöse Erschöpfung und Beschwerden an den Archillessehnen.

Neben Knie und Rücken litt Steffi Graf regelmäßig während der Turniere von Paris (Mai) und New York (September) unter einer Allergie, die mit Fieber und Schnupfen einhergeht.

Oft auch hatte sie »saublöde Verletzungen« (Graf). Kurios etwa, was ihr beim Federation Cup im Juni 1986 in Prag passierte: Nach einem TV-Interview mit ARD-Reporter Volker Kottkamp rannte sie einen Sonnenschirm um. Der schwere Ständer stürzte auf ihren rechten Fuß und brach ihr den großen Zeh. Vier Wochen Pause waren die Folge.

Im April 1988 joggte sie in Florida auf einem Bretterweg an einer Böschung entlang. Ein Brett gab nach, sie verlor das Gleichgewicht, stürzte und stauchte sich das linke Handgelenk dabei. Unter starken Schmerzen verlor sie danach im Halbfinale beim Turnier von Amelia Island gegen Gabriela Sabatini.

Juli 1988, nach dem ersten Wimbledon-Sieg: Steffi tollte daheim in Brühl mit einem ihrer Schäferhunde. Der schnappte plötzlich zu, sein Zähne hinterließen eine tiefe Fleischwunde am Mittelfinger der rechten Hand. Eine Woche später

1991 beim Fed Cup erlitt Steffi Graf eine Schulterverletzung. Das Eisspray half wenig, sie mußte eine Spielpause einlegen

aber spielte sie schon wieder und gewann das Turnier in Hamburg.

Der schwerste Unfall dieser Art jedoch ereignete sich im Februar 1990 im Schweizer Skisportort St. Moritz. Steffi Graf, die zum Saisonauftakt in Melbourne und Tokio gesiegt hatte, war für Dreharbeiten zu einem Film von Willy Bogner angereist. Morgens verließ sie ihr Hotel mit Langlauf-Ski. Aufgescheucht durch einige Fotografen vor dem Eingang, machte sie auf dem Absatz kehrt – und rutschte auf einem eisigen Stück Straße aus. Beim Versuch, sich abzustützen, splitterte der Knochen im rechten Daumen. Die Hand kam in Gips – zehn Wochen Pause.

Immer wieder jedoch wurde sie im Eiltempo fit. »Bei Leistungssportlern«, erklärt ihr früherer Physiotherapeut Uwe Capellmann, »heilen die meisten Verletzungen schneller.« Athletisch gebaute Menschen hätten logischerweise eine bessere Gesamtkonstitution.

Mehrfach auch half sie sich, indem sie ihr Equipment ihren speziellen gesundheitlichen Bedürfnissen anpaßte wie durch das schon erwähnte Korsett. Mal orderte sie auch einen speziellen Schuh ihres Ausrüsters adidas, der ihr besonders viel Halt im Knöchelbereich und zusätzliche Dämpfung gab. Und weil sie die Vorhand wuchtiger schlägt als andere Spielerinnen im Circuit, dabei auch höher springt und härter landet – auf dem linken Fuß –, bekam sie zur Minderung des Aufpralls dicke Einlagen.

1990 sagte ihr damaliger Leibarzt, der Freiburger Sportmediziner Professor Josef Keul, in einer Zwischenbilanz: »Ich untersuche Steffi Graf seit Jahren regelmäßig. Bis heute konnte ich keinerlei Verschleißerscheinungen durch das Tennis bei ihr feststellen.« Vor zwei Jahren kam Dr. Hans Pässler aus Heidelberg zu einem ähnlich lautenden Ergebnis. Steffi Graf formulierte es während ihrer Zwangspause für ihn: »Mein Arzt hat mir versichert, daß ich wieder hundertprozentig gesund und fit werde.« Wenn sie wolle, könne sie noch zehn weitere Jahre Tennis auf Weltklasseniveau spielen.

Denn: Steffi Graf war nicht nur eine gute Spielerin, sie war vor allem eine gute Athletin. Ihr Lungenvolumen läßt zu, daß sie mit jedem Zug bis zu 5,5 Liter einatmet, es ist damit rund 38 Prozent größer als durchschnittlich. Auch ihr Herz ist 40 Prozent größer als das eines untrainierten, weil sie früh begann, Sport zu treiben. Und so überraschte es letzlich nicht, daß die Kämpferin Steffi Graf 1999 nochmals ein großartiges Comeback schaffte.

Immer wieder der Rücken. 1995 ereilte sie der Schmerz in Wimbledon

Comeback – und Abschied

Nach langer Verletzungszeit will es Steffi noch einmal wissen – und was kaum einer für möglich gehalten hätte: Sie hat noch große Siege in sich

Acht Monate war Steffi verletzt. Im Februar 1998 spielt sie in Hannover erstmals wieder ein Turnier

Nach 15 langen Jahren Profitennis auf einem sehr hohen Niveau, mit so viel mehr Siegen als Niederlagen, dazu fest verankert in einem System aus stetig wiederkehrenden Turnier-Terminen, brach für Steffi Graf im Sommer 1997, kurz vor Wimbledon, eine Welt zusammen.

Erstmals in ihrem Leben war sie so schwer verletzt, daß ihr weiterer Weg in Sachen Tennis auf einmal absolut uneinsehbar geworden war. Die Malaise mit ihrem kranken Knie hatte sie, die auf dem Tennisplatz immer auch von der Schnelligkeit ihrer Beine profitiert hatte, auf einmal in ihrer Beweglichkeit stark eingeschränkt. Zusätzlich hatten die »falschen« Bewegungen, mit denen die mit einer enorm hohen Leidensfähigkeit ausgestattete Steffi lange versucht hatte, die Schmerzen aufgrund ihres Rückensporns erträglich zu gestalten, ihre Bandscheibe angegriffen. Kurz: Steffi war körperlich am Ende.

Helfen konnte ihr nur noch eine Knieoperation mit ungewissem Ausgang: Wird hernach alles wieder so sein wie einst? Oder ist das Thema Tennis vielleicht dennoch erledigt? Fragen, die Steffi – nach dem erfolgreichen Eingriff durch den österreichischen Sportmediziner Dr. Reinhard Weinstabl – während ihrer Rehabilitation beim besagten »Sport-Guru« und

hochgelobten Fitmacher Willi Dungl in Gars am Kamp immer wieder durch den Kopf gingen. »Ich hatte das Gefühl, wenn mir heute ein Schritt nach vorne gelungen war, habe ich am Tag darauf zwei Schritte rückwärts gemacht«, schilderte Steffi später ihre Sorgen. »Mal bin ich voller Vorfreude zum Training auf den Tennisplatz gegangen, dann wieder mußte ich schon nach wenigen Schlägen wieder einpacken, weil die Schmerzen erneut da waren.«

Mit Bangen und Hoffen mußte sich Steffi Graf beschäftigen – an neue Siege bei den Turnieren der Welt war nicht zu denken.

Dazu hatte sich während Grafs Abwesenheit von den Centre Courts die Szenerie in den Top Ten der Damen erheblich verändert. Die sogenannte »junge Generation« spielte immer stärker auf – angeführt von der Weltranglistenersten Martina Hingis aus der Schweiz, die auch nach Meinung von Steffi Graf »mit dem wohl größten Talent aller Zeiten fürs Tennisspiel auf die Welt gekommen ist.« Zu ihr gesellten sich die schwarzen US-Schwestern Venus und Serena Williams, die das bei vielen tennisspielenden Frauen so verpönte Angriffs-Spiel Serve-and-volley, mit harten Aufschlägen jenseits der 200-km/h-Grenze, perfektioniert hatten – und von denen Graf glaubt, daß sie »die Zukunft des Damen-Tennis darstellen.« Hinzu kam der Aufstieg des ehemaligen »Pummelchens« Lindsay Daven-

Roland Garros 1999: 17 Jahre hat Steffi auf den Tennisplätzen im Bois du Bologne gekämpft, gelitten – und gesiegt

Mal siegte, mal verlor Steffi (hier mit Anna Kournikova) gegen die neue Tennisgeneration

port (USA) und die Schlagzeilen der Boulevard-Presse über die Kapriolen der attraktiven Russin Anna Kournikova.

Steffi Graf mußte ein dreiviertel Jahr Pause machen vom Turnier-Tennis. Während dieser Zeit des Wartens mußte sie erkennen, daß sich die Welt so schnell drehte wie nie zuvor. Eine Welt, in der ihr als nun »alter Dame« von den neuen Court-Queens kein Platz an der Sonne mehr zugedacht war. Gerade Hingis, die Haupterbin Grafs Thron der Weltranglistenersten, ließ kaum eine Gelegenheit zu bösen Sticheleien aus – Steffi ließ sich jedoch nicht verletzen. Ihre Meinung zu den Verbal-Attacken der schweizer »Tennis-Zicke«: »Ich nehme ihre Kommentare nicht zur Kenntnis.«

Trotzdem wollte Steffi nach ihrer langen Verletzungspause unbedingt zurück auf den Tennisplatz, wohl auch, um diese jungen Wilden noch einmal zu zähmen.

Und sie kam zurück! Es wurde ein mühevolles, aber schließlich grandioses Comeback. Der Beginn: Knapp acht Monate nach ihrer Absage an Wimbledon 1997 trat Steffi Graf im Februar 1998 wieder zu einem Turnier an, und zwar in Hannover. Immer noch nicht richtig fit und mangels Spielpraxis verlor sie schon ihr Drittrundenspiel gegen die Belgierin Sabine Appelmans. Was folgte, waren

Der Traum ist wahr geworden: Steffi Graf krönt ihr Comeback in Paris 1999 – zwölf Jahre nach ihrem ersten Sieg dort – mit dem Gewinn des Titels bei den French Open

CHAMPIONNATS INTERNATIONAUX DE FRANCE
SIMPLE DAMES
COUPE SUZANNE LENGLEN

Auch in Wimbledon steht Steffi 1999 noch einmal im Finale, verliert jedoch gegen Lindsay Davenport 4:6, 5:7

ebenfalls mühsame, immer wieder von neuen verletzungsbedingten Pausen unterbrochene Auftritte in Indian Wells, Birmingham, Eastbourne, Wimbledon, Stanford und San Diego. Steffi kam nicht richtig in Tritt, wirkte verunsichert, verlor gegen bekannte (Davenport, Kournikova) und weniger bekannte (Sugiyama) Gegnerinnen.

Die Wende bei ihrem zweiten Start ins Profitennis brachte das Turnier im Sommer 1998 in New Haven. Steffi gewann – für viele Experten unerwartet – das Finale gegen Jana Novotna (Tschechei), nachdem sie zuvor schon Davenport und ihre zeitweilige Angstgegnerin Amanda Coetzer (Südafrika) ausgeschaltet hatte. Jetzt schon schrien und schrieben alle von einem »großen Comeback«. Doch es wurde noch besser.

Kurz vor Saisonende nämlich siegte Steffi hintereinander in Leipzig und Philadelphia – und siegte dabei vor allem auch (wieder) gegen Davenport und Hingis. Was fehlte zum neuen Glück der Stefanie Graf? Vielleicht noch einmal ein großer Sieg bei einem großen Turnier, einem Grand-Slam-Turnier.

Die French Open 1999 waren gekommen. Nach Warm-up-Siegen gegen Maleeva, Gorrochategui und Carlsson knöpft sich Graf auf dem ungeliebten Sand und unter täglich größer werdenden Schmerzen in Knie und Rücken neue und alte große Rivalinnen vor: Kournikova, Davenport, Monica Seles, die, so Steffi, »auch ein schönes Comeback hingelegt hat«, – und, in einem Endspiel, das in der Tennis-Historie unvergessen bleiben wird, Martina Hingis. In drei Sätzen hatte Steffi Graf die Schweizerin niedergerungen. »Es wird auf immer einer meiner schönsten Siege bleiben«, sagt Steffi heute. Sie hatte einen Triumphmarsch dargeboten, den keiner von ihr erwarten konnte. Das Erreichen des Wimbledon-Finales vier Wochen später war nur eine schöne Dreingabe. »Obwohl sie, wenn sie gesund gewesen wäre, gegen Davenport gewonnen hätte«, glaubt Graf-Manager Hans Engert. Eine Meinung, mit der er nicht alleine dasteht.

Und doch war dieses Comeback von Steffi, das mit ihrem endgültigen Rücktritt am 13. August 1999 endet, einer der größten und eindrucksvollsten Kraftakte in der Geschichte des Sports überhaupt.

Ein letzter Abschied: Mit tröstenden Worten überreicht ihr die Herzogin von Kent die kleine Trophäe

Eindrucksvolle Fakten

Steffi auf einen Blick

Am 14. Juni '99 ist sie 30 Jahre alt geworden. An Preisgeld hat sie mehr als 21 Millionen Dollar verdient. Aber es gibt noch weitere beeindruckende Daten aus ihrer Laufbahn

Tolle Bilanz: Graf nahm an 223 Turnieren teil, siegte dabei 107mal

4 Niederlagen in einer Saison gegen dieselbe Gegnerin gab es nur zweimal in Steffi Grafs Laufbahn: 1985 gegen Chris Evert, 1991 gegen Gabriela Sabatini

5 mal gewann sie das Masters-Finale (immer in New York) und wurde damit Weltmeisterin).

8 mal beendete sie die Saison als Nr. 1, achtmal wurde sie zur »WTA-Spielerin des Jahres« ernannt, viermal zur »Deutschen Sportlerin des Jahres«.

11 Niederlagen erlitt sie gegen Gabriela Sabatini – gegen keine andere Spielerin verlor sie häufiger.

13 Jahre, vier Monate und vier Tage alt war Steffi, als sie das erste Profi-Turnier bestritt: Filderstadt (Oktober 1982). Bilanz: Erstrunden-Aus gegen Tracy Austin.

22 Grand-Slam-Titel gewann sie im Einzel – die meisten nach Margaret Court (24.) Den ersten bei den French Open 1987, den letzten 1999 – ebenfalls dort. Sie siegte in Melbourne viermal (1988 bis 1990, 1994), in Paris sechsmal (1987, 1988, 1993, 1995, 1996, 1999), in Wimbledon siebenmal (1988, 1989, 1991 bis 1993, 1995, 1996) und in New York fünfmal (1988, 1989, 1993, 1995, 1996). Neunmal erreichte sie zudem ein Grand-Slam-Finale. In Wimbledon siegt sie auch im Doppel, mit Gabriela Sabatini (1988).

22 Endspiele in Folge erreichte Steffi Graf vom 29. 1. 1989 (Melbourne) bis zum 10. 6. 1990 (French Open). Sie siegte in 18 davon.

66 Spiele (incl. Federation Cup) blieb sie zwischen dem 11. Juni 1989 und 20. Mai 1990 ungeschlagen, gewann elf Turniere.

90 Spiele (incl. Federation Cup) bestritt sie 1989 – und verlor davon nur zwei. Statistisch war es Grafs erfolgreichstes Jahr: Sie siegte bei 14 Turnieren.

100 ster Finalsieg ihrer Karriere: 1996 in Wimbledon mit einem 6:3 und 7:5 gegen Sánchez-Vicario.

139mal erreichte sie ein Turnierfinale, 107mal siegte sie – Platz drei in der ewigen Rangliste hinter Martina Navratilova und Chris Evert.

223 Turniere bestritt sie in ihrer Karriere.

377 Wochen war sie Nummer eins in der Weltrangliste, davon 186 Wochen ununterbrochen – Rekord. Im einzelnen: 17. August 1987 bis 10. März 1991, 5. bis 11. August 1991, 19. August 1991 bis 8. September 1991, 7. Juni 1993 bis 5. Februar 1995, 20. bis 26. Februar 1995, 10. April 1995 bis 14. Mai 1995, 12. Juni 1995 bis 31. März 1997.

1004 Spiele bestritt Steffi Graf in ihrer Karriere auf der WTA-Tour und bei Olympia 1988 und 1992. Zusätzlich spielte sie 22mal im Einzel für Deutschland im Fed Cup (Sieg 1987, 1992) sowie fünf Partien beim Tennis-Demonstrationswettbewerb bei Olympia 1984 in Los Angeles (Gold). Bilanz: 914 Siege, 117 Niederlagen.

1986 gewann sie in Hilton Head ihr erstes Turnier (13. April). Im Finale schlug sie Chris Evert mit 6:4, 7:5. Erste Finalteilnahme: Filderstadt 1984 – Zweisatzniederlage gegen Catarina Lindqvist.

1988 gelang ihr der Golden Slam – eine einmalige Leistung. Graf gewann dabei nicht nur die vier Grand-Slam-Turniere (als dritte und jüngste Frau überhaupt), sondern auch das olympische Tennisturnier in Seoul.

1994 schied sie als Titelverteidigerin bereits in der 1. Runde in Wimbledon aus.

1997 erlitt sie ihre deutlichste Niederlage. Sie unterlag Amanda Coetzer bei den German Open in Berlin mit 0:6 und 1:6.

21 741 565 Dollar nahm Steffi Graf an Preisgeld ein – keine verdiente mehr. Grafs höchstes Preisgeld: 586 898 Dollar bei den French Open 1996.

Steffi Graf gewann 22 Grand-Slam-Titel im Einzel sowie zweimal den Mannschaftswettbewerb Fed-Cup

Autogramm-Adresse:
Steffi Graf Sport GmbH
Mallaustraße 75
68291 Mannheim

Die Zeit danach

Nach Steffi Grafs Rücktritt vom aktiven Tennissport verändert sich ihr Leben in großen Schritten – und diese Veränderung scheint ihr zu gefallen

»Ich hatte schon eine gewisse Angst, ein Gefühl der Ungewißheit, was mich in Zukunft, in meiner Zukunft ohne Profi-Tennis, erwarten würde.«

Gedanken von Steffi Graf, bevor sie am 13. August 1999 im »Hyatt-Hotel« in Heidelberg ihren Rücktritt nach 17 Jahren Leistungssport verkündete.

Nur ein paar Wochen später hatten sich die Sorgen um die Zukunft verflüchtigt wie eine Schlechtwetterfront. Jetzt formulierte sie ihre aktuelle Gefühlslage plötzlich so: »Es kommt mir so vor, als ob das Turnier-Tennis schon ganz weit zurück liegt. Ich habe wirklich schnell endgültig mit diesem Abschnitt meines Lebens abgeschlossen. Ich genieße meine neuen Freiheiten.«

Wie und was Steffi Graf hauptsächlich genoß, konnte man in allen großen Zeitungen und Zeitschriften sehen und lesen: Eine neue Liebe! Gemeint ist die Beziehung zu Andre Agassi – Amerikaner iranischer Abstammung, in diesen Tagen die Nummer eins der Rangliste bei den Männern. Ein glamouröses Power-Paar,

Rolf Hunck von der Deutschen Bank überreicht Steffi Graf für Ihre Stiftung »Children for Tomorrow« einen Scheck über 50000 Mark

Rechte Seite: Deutscher Fernsehpreis 1999: Steffi Graf und Boris Becker erhalten Ehrenpreise, während Thomas Gottschalk für seine Show »Wetten, daß…« ausgezeichnet wird

das weltweit Beachtung findet – ob es will oder nicht.

Gefunden haben sich zwei ernsthafte, sensible Menschen, die wissen, wovon sie reden. Und das ist nicht nur Tennis mit allen seinen Facetten. Beide sehen den Ruhm und den Reichtum, den sie mit ihrem Sport erlangt haben, auch als soziale Verpflichtung an. In ihrer beider Fall gilt das Engagement in erster Linie benachteiligten Kindern. Agassi unterstützt schon seit fünf Jahren bedürftige Kinder in seinem Heimatstaat, dem US-Bundesland Nevada. Er hilft mit Spenden in Millionen-Höhe und persönlichem Einsatz.

Bei Steffi Graf ist dies kaum anders. Sie gründete im Herbst 1998 in Zusammenarbeit mit Ärzten der Hamburger Universitätsklinik die Stiftung »Children for Tomorrow«, die Kindern und deren Angehörigen, die Gewalt und Verfolgung in Krisengebieten wie dem Kosovo oder Afrika erlitten haben, hilft. Steffi läßt kaum eine Gelegenheit aus, gemeinsam mit ihren Sponsoren, die ihr über ihre aktive Tennis-Karriere hinaus die Treue gehalten haben, Spenden für ihre Projekte zu sammeln. Im September 1999 war sie sogar, als Botschafterin in eigener,

Steffi Graf kümmert sich um vom Aussterben bedrohte Tierarten. 1997 war sie als Botschafterin für den WWF in Australien, hier mit einem Nacktnasen-Wombat im Arm

guter Sache, in den Townships von Kapstadt (Südafrika), um vor Ort zu erfahren, was mit den von ihr zur Verfügung gestellten Geldern in die Tat umgesetzt wird. »Diese Aufgabe«, so Graf, »wird immer ein großer Bestandteil meines neuen Lebens sein. Ich habe sehr intensiv gespürt, daß diesen armen Würmchen geholfen werden muß.«

Steffi hat für ihre neue Liebe zu Agassi zuvor ihre siebenjährige Beziehung zu dem Autorennfahrer Michael Bartels beendet. Mit ihm hatte sie eine Wohnung in Heidelberg geteilt, er hatte ihr zur Seite gestanden, als sie vor einigen Jahren durch Versäumnisse ihres damaligen Managers, ihres Vaters Peter Graf, als Steuerschuldnerin in die Schlagzeilen geraten war – etliche Freunde, die bis dahin als »gute Freunde« galten, hatten versucht, aus dieser Situation für sich persönlich Kapital zu schlagen.

Dennoch führten Steffi Graf und Michael Bartels meist eine Lebensgemeinschaft auf Distanz. Sie spielte weltweit Tennis, er fuhr, häufig in Deutschland, Tourenwagenrennen. Sie lebten sich dabei, wie es heutzutage so schön heißt, auseinander – vielleicht auch, weil Steffi Graf noch viel mehr ein Vollgas-Typ war als er, der Rennfahrer. Die Freundschaft mit Agassi begann auch deshalb so harmonisch, weil sie, nach ihrem Rückzug vom Sport, nun Zeit hatte, sich auf den Rhythmus ihres neuen Freundes einzustellen. So reiste Steffi Ende 1999 häufig mit Andre Agassi als »Spielerfrau« zu seinen Turnier-Auftritten, bewundert und beachtet als aufmerksame Beobachterin auf der Tribüne.

Ob auf dem Platz (links) oder auf der Tribüne – Steffi und Andre gehen seit 1999 gemeinsame Wege. Als mitfiebernde Zuschauerin erlebt Steffi Andres Fünf-Satz-Sieg im Finale der US-Open 1999

Am 22. 10. 1999 erhält Steffi Graf, ebenso wie Günter Grass (rechts), mit dem Prinz von Asturien-Preis eine der angesehendsten Auszeichnungen Spaniens, hier nach der Preisverleihung mit dem spanischen Kronprinzen Felipe de Borbon

Und natürlich kann die »neue« Steffi Graf nicht ganz vom Tennis lassen. Mit einer persönlichen Abschiedstour rund um den Erdball wird sie, mit dem Tennisschläger in der Hand, an ausgewählten Orten und teilweise in Ländern, in denen sie nie zuvor war, mit glanzvollen Schau-Veranstaltungen auf ihre ganz eigene Art Adieu sagen.

Steffis »World Tour« wird im Dezember 1999 in Südafrika starten. Sie wird in der südafrikanischen Spielerin Amanda Coetzer eine hartnäckige Rivalin alter Zeiten wiedertreffen. Dort möchte sie sich auch einen lang gehegten privaten Traum erfüllen und an einer Safari teilnehmen. »Ich möchte fortan einfach all' die Dinge tun, zu denen ich früher nie die Zeit hatte.« Diese Tour wird Graf unter anderem auch nach Australien und Neuseeland führen. Sie will mit Michael Chang an der Chinesischen Mauer auftreten und ein Tennis-Match auf einem US-Flugzeugträger bestreiten.

Natürlich wird sie sich auch noch einmal live von ihren Fans in Deutschland verabschieden. Im März soll diese letzte aktive Tennisphase schließlich vorbei sein. Danach wird sie die Beziehung zu ihrem Lieblingssport wesentlich über das Junior-Team pflegen, in dem Steffi Graf, unterstützt von dem Sportwagenbauer Porsche – Steffi liebt, nebenbei bemerkt, schnelle Autos und schnelles Autofahren – talentierte junge Spielerinnen fördert. Ihre Zielsetzung dafür lautet: »Ich will auch mal mit den Mädchen auf dem Platz stehen und trainieren. Ich will ihnen meine Erfahrungen vermitteln, die ich auf der Profi-Tour gesammelt habe.« Was sie hingegen nicht will ist »Karriere machen als Funktionärin, etwa im Deutschen Tennis Bund. Das ist nicht mein Leben.«

Ihr Leben nämlich, das sind schon eher die schönen Künste – Malerei, bevorzugt von jungen »wilden« Künstlern, und Musik. Graf: »Ich kann mir gut vorstellen, daß ich mit meiner Firma Ausstellungen oder Konzerte organisiere!« Steffi Graf denkt global in dieser Hinsicht. Sie kaufte sich zum Beispiel Kunstwerke von australischen Aboriginals ebenso wie Bilder von russischen Talenten.

Nach ihrem Rücktritt zu Besuch in Filderstadt. Steffi Graf und Wolfgang Porsche (hier mit Enkel) freuen sich auf das bevorstehende Finale des Porsche Grand Prix

Die »7 Sins« und Steffi Graf. Die Ballade »A Change in Your Life« der Münchner Band wird Steffi auf ihrer Abschiedstour als musikalischer Background begleiten

Steffi genießt die anonymen Aufenthalte in Agassis Heimatstadt, dem schrillbunten Spielerparadies Las Vegas. Dennoch will »ich immer meinen Lebensmittelpunkt in Deutschland, in meiner Heimat, haben«. gibt Steffi zu Protokoll. Deshalb hat Steffi Makler beauftragt, ihr ein Haus in der Region rund um Heidelberg zu suchen.

Steffi Graf hat heute alle Fesseln ihrer bewegten, aufregenden Vergangenheit als Tennisspielerin gesprengt. Sie ist aus dem goldenen Käfig der Tennis-Tour entflogen und genießt die neue, ihre alleinige Freiheit, in vollen Zügen. Steffi Graf – mit 30 vor einem Neuanfang.

Danke, Steffi

Zwölf Jahre als Journalist auf den Spuren der weltbesten Tennisspielerin – Zeit für ein Resümee

Steffi Graf: »Ein unglaublicher Augenblick für mich, ich bin überwältigt« – New York, Madison Square Garden am 16.11.1999. Über 10 000 Fans verabschieden Steffi Graf mit minutenlangem, donnerndem Applaus in den Ruhestand, Kolleginnen überreichen signierte Schläger und auch die WTA huldigt ihrer Vorzeigeathletin mit einem Bild ihres Lieblingsmalers Peter Beard

Erkannt, bestaunt, belagert. Das ist der Preis, den Stars für ihre Prominenz zahlen. Wo immer Steffi Graf hingegangen ist, haben die Menschen ein Spalier gebildet und applaudiert. Aber je länger die Gasse geworden ist, desto schneller wurden ihre Schritte. Man könnte jetzt sagen: Steffi Graf ist immer in Eile gewesen. Tatsächlich aber war sie immer auf der Flucht. Sie ist immer weggelaufen.

In ihrer Hatz hat sie uns – ihre Bewunderer, ihre Fans, ihre Wegbegleiter oder einfach nur ihre sporadischen Zuschauer – zurückgelassen in einem dauerhaften Zustand der Verwirrung, ja sogar Verwunderung. Warum genießt sie nicht? Warum kommt sie nicht mal zur Ruhe?

Das Mißtrauen anderen Menschen gegenüber hat ihr Wesen und die Beziehung zu anderen Menschen geprägt. Vornehmlich zu ihrem Schutz hatte Vater Peter ihr einst eingebleut, sie bewege und befinde sich »in einer feindlich gesinnten Umwelt«. Seitdem kämpfte Steffi Graf sichtbar in jeder Lebenslage um ihr Lebensglück. Auf dem Platz, wo eindeutige Regeln herrschen, gelang ihr dies am besten. Dort hatte sie auf jeden Angriff eine Abwehrreaktion. Konnte allen zeigen, daß sie nie aufgibt. Daß sie sich sehr wohl durchbeißen kann. Aber ansonsten, außerhalb des Platzes, schien es lange, als irre sie orientierungslos umher. Jede simple Betrachtung empfand sie als neidischen Blick. Erst jetzt, in der Zeit nach dem Abschied, gewährt sie erstmals echten Einblick in ihre Gefühlswelt. Das zeigt sich darin, daß sie endlich erkennen läßt, daß sie die Bewunderung ihrer weltweiten Fangemeinde wirklich wahrgenommen und genossen hat: »Wenn ich mitbekomme«, schrieb sie im September in der »Zeit« unter der Rubrik »Ich habe einen Traum«, »wie jemand in all den Jahren mitgefiebert hat, wenn ich höre, daß mein Spiel für so viele ein schöner Zeitvertreib war, daß ich die Menschen wirklich damit berührt habe«, dann würden ihr »diese Reaktionen nahe gehen«. Und weiter: »Ich weiß ja, daß ich nie der Typ der theatralisch großen Gesten war.« Dabei: Wer anders als sie hätte sich die theatralisch große Geste wirklich erlauben können. Bei vielen waren es Mätzchen, um von der sportlichen Leistung abzulenken. Sie jedoch, die größte Sportlerin Deutschlands, hätte mit einer kleinen Portion Emotion mehr allen Menschen besser vermitteln können, was für ein »sagenhaftes Gefühl« es für sie gewesen ist, »wenn ich mein bestes Tennis gespielt habe.«

So aber igelte sie sich ein. Die »Bunte« hat deswegen einst sogar mal amerikanische Glücksforscher bemüht, um ihren geneigten Lesern die erfolgreichste und reichste Tennisspielerin der Welt zu erklären. Diesen Wissenschaftlern zufolge ist »der Glückslevel« eines Menschen »angeboren«. Weder Geld noch Beziehung, weder Ehe noch Familie würden auf Dauer

den Zustand, den man mit Glücksgefühl beschreibe, beeinflussen. Nun könnte man sagen: Stimmt nicht, Steffi Graf ist das allerbeste Gegenbeispiel, denn immer wenn sie Tennis spielte, war sie nach eigenem Bekunden glücklich. Aber nein, das wäre eine Fehlinterpretation. Beim Tennis fühlte sich Steffi Graf nicht glücklich, sondern sicher. Denn Tennis, das hat sie einmal der »Zeit« gesagt, »kann ich doch.«

Während sie aus dem Tennis im Glücksfall eine »innere Zufriedenheit« zog, erkannten die Medien im Normalfall außerhalb des Centre Courts bloß ihre Unsicherheit. Noch 1997, also im erwachsenen Alter von 28 Jahren, kam sie von den US Open mit einem Preisgeldscheck über 750 000 Dollar in der Tasche nach Hause und wußte nicht, wohin mit dem wertvollen Papier. Klar, zur Bank, sagen wir. Aber sie, sie hatte noch nie mit Geld und Banken zu tun gehabt. Ihr Vater, von dem man inzwischen weiß, daß er sie sogar getürkte Steuererklärungen blanko unterschreiben ließ, hatte stets jeden Pfennig kassiert.

Diese Episode hat auch eine sympathische Seite, denn sie zeigt, wie wenig Steffi Graf in ihrem Sportlerleben damit umzugehen wußte, was das Tennis aus ihr gemacht hat. Eine Millionärin, einen Star, ein Idol. Weder als das eine, noch das andere hat sie sich je verstanden. Ihre Kindheit, ihre Jugend, ihre Pubertät hat sie auf dem Tennisplatz verbracht, ja sogar ihre Reifeprüfung hat sie dort abgelegt. Sie ist, schrieb die »Bunte«, »ein Apparat aus Siegen, Vorhand, Rückhand, Niederlagen. Ist Schlagzeile, Patellasehne, Rückenproblem, wohnt in der Weltrangliste, plaudert mit dem Bundespräsidenten.«

Ist sie uns je mehr gewesen? Wollte sie je mehr sein?

Anders als Boris Becker, für den nur das Hauptportal infrage gekommen ist, hat Steffi Graf allzeit versucht, durch die Hintertür zu entkommen. In die Freizeit, in den Freiraum, ins Privatleben. Sie wollte nie ein Star sein. So gesehen war sie im egomanen Geschäft Tennis eine wohltuende Ausnahme, die Anerkennung und Bewunderung verdient.

Smalltalk hat sie genauso gehaßt wie die Fragen der Journalisten, die sie wohl immer als Verhöre (»Was die immer wissen wollen«) empfand. Meist verdeckte sie dabei ihre Augen, also das Fenster zur Seele, hinter einem dichten Vorhang aus brünetten Haaren.

Dem Kolumnisten der »Welt am Sonntag« hat Steffi Graf einmal einen Zettel gezeigt, auf dem sie Worte von Marie von Ebner-Eschenbach notiert hatte. Darauf stand: »Wenn man das Dasein als Aufgabe betrachtet, dann vermag man es immer zu ertragen.« War das Dasein so schlimm? War sie so eine »düstere Person«, wie sie der Zeitschrift »Sports« einmal sagte? Mit Vorliebe fürs Okkulte und Mystische, wie die »New York Times« berichtete?

Gibt es für Steffi Graf ein Leben nach dem Tennis? Natürlich – ja. Was für ein Blödsinn – klar. Und dieses Leben wird sehr viel heller, klarer und freundlicher werden für die Erdenbürgerin Graf, die endlich zur Ruhe kommen kann. Die niemanden mehr besiegen, niemanden mehr unterhalten und niemanden mehr treffen muß, wenn sie nicht will. Die Wochen nach dem Karriereende »bedeuten für mich in vielerlei Hinsicht einen Neuanfang. Ich bin auf dem Wege«, gewährte sie zuletzt der »Zeit« einen der raren Einblicke in ihr Seelenleben, »mir neue Mittelpunkte in meinem Leben zu suchen. Ich träume davon, ein eigenes Haus zu haben. Das Nomadenleben möchte ich vermutlich nie ganz ablegen, aber ich brauche einen vertrauten Ort«.

»Die beste Lady aller Zeiten« hat Andre Agassi ihr hinterhergerufen, als sie ihren Abschied erklärte. Wie persönlich er das meinte, wissen wir erst jetzt, wo die beiden Gefühle für einander zeigen und ein Paar bilden, das weltweit bestaunt wird.

Nach 1008 Spielen, 110 Turniersiegen und 377 Wochen als Nr. 1 der Welt hat sie Schluß gemacht. Den Hut haben alle gezogen. Nach Zugabe hat keiner gerufen, schließlich wußte jeder um ihr 70 Krankheiten und Verletzungen. Und schließlich spürte jeder, daß »nach einer goldenen Ära« (Times, London) die Zeit leider reif gewesen ist für diesen Schritt. Daß nach dem Abschied eine Abschiedstournee beginnen soll, empfand jeder als normal, denn das lindert allen den Abschiedsschmerz.

»Ich wünschte, mir wäre vieles leichter gefallen«, hat sie am Tag ihres Rücktritts, dem 13. August 1999, in Heidelberg gesagt. Aber genau dieser ständige Wille zum Kampf, diese ständige Bereitschaft zur Qual hat das Publikum in einer Zeit, in der überall Pillen geschluckt und Spritzen gesetzt, wo gedopt und manipuliert wird, daran glauben lassen, daß jemand allein aus eigener Kraft wieder heran-

Das »Deutsche Mixed«, Hopmancup 1992 mit Boris Becker

kommen kann. Über unwahrscheinlich viel Training. Mit unwahrscheinlich viel Disziplin. Das war das Faszinierendste an ihr.

Steffi Graf war eine überragende Athletin, die im Tennis dominiert hat. Aber nur im Tennis. Da, wo die Wahrheit liegt: auf dem Platz. Nie darüber hinaus. Kalkül, Politik machen, Intrigen schmieden, Ränkespiele im Deutschen Tennis Verband vollführen – nie wurde sie damit auch nur in Verbindung gebracht. Steffi Graf war nämlich nie an der Macht, weil sie nie an Macht interessiert war. Sie war – nur – an der Regierung.

Was wird von der Ausnahmekönnerin Steffi Graf in Erinnerung bleiben? Natürlich diese sagenhafte Leistungsbilanz. Die Erinnerung an die vielen Titel und die unterhaltsamen Stunden, die sie uns geschenkt hat. Wenn je eine Szene haften bleibt, dann die in Paris im Frühjahr dieses Jahres, wo sie – zunächst zaghaft, dann mitgerissen und in bis dato unbekannter Leidenschaft die Zuschauer bei la Ola, der Welle, dirigierte. Hernach die Freude über den Sieg, die Tränen, der Champagner, der ihre Zunge so niedlich lähmte, daß ausgerechnet sie, die Perfekte, das Wort »perfectly« nicht mehr unfallfrei herausbrachte. Da war sie uns das allererste Mal wirklich total nah und sympathisch.

Vergessen wird man auch nicht diese Rückhand, diesen merkwürdig gehackten Slice. Und ihre Vorhand. »Technisch kein guter, aber ein großartiger Schlag«, so Chris Evert, die an dem Tag mit ihr auf dem Platz stand (und verlor), als Steffi Graf erstmals Nr. 1 wurde.

Dann werden wir das wehende blonde Haar, straff zurückgeschnürt mit einem Haarband, erinnern. Vielleicht noch das aus der Sporttasche gezupfte Taschentuch, in das die chronisch Erkältete ein-, zweimal hineinschneuzt, ehe sie es wieder faltet und wegsteckt.

Die Sportlerin Steffi Graf ist Geschichte. Dem deutschen Sport gehen die Siegertypen aus. Und uns bleibt nur eines zu sagen für all die vielen Jahre: Danke, Steffi.

STEFFI

Alle Spiele, alle Siege, alle Prämien

Eine Karriere in Zahlen

1982–1999: Statistik aller Profi-Turniere von Steffi Graf ohne Olympia 1984 und Federation Cup

1982

Filderstadt 18.–24. Oktober
1. Runde: Tracy Austin 4:6, 0:6
Preisgeld **$ 725**

1983

Taranto (Italien) 28. März–3. April
1. Runde: Angeliki Kanellopoulou 5:7, 2:6
Preisgeld **$ 115**

Bari (Italien) 19.–25. April
1. Runde: Barbara Romano 6:7, 6:3, 1:6
Preisgeld **$ 115**

Warvick (England) 3.–9. Mai
1. Runde: Julie Salmon 6:7, 7:5, 6:2
2. Runde: Deborah Jarrett 6:4, 6:3
Viertelfinale: Shelley Walpole 2:6, 3:6
Preisgeld **$ 290**

German Open (Berlin) 17.–23. Mai
1. Runde: Barbara Rossi 6:0, 1:0 (Aufgabe Rossi)
2. Runde: Renata Sasak 6:1, 1:6, 2:6
Preisgeld **$ 275**

French Open 23. Mai–5. Juni
Qualifikation:
1. Runde: Miriam Schropp 3:6, 6:2, 6:4
2. Runde: Gabriela Dinu 7:5, 6:2
3. Runde: Amanda Dingwall 6:2, 3:6, 6:1
Hauptfeld:
1. Runde: Carina Karlsson 6:4, 6:1
2. Runde: Beverly Mould 0:6, 6:7
Preisgeld **$ 1 300**

Wimbledon 20. Juni–3. Juli
Qualifikation:
1. Runde: Heidi Narbarough 6:0, 6:0
2. Runde: Nerida Gregory 6:1, 3:6, 2:6
Preisgeld **$ 0**

Hittfeld (bei Hamburg) 4.–10. Juli
Qualifikation:
1. Runde: Gabriela Dinu 6:2, 6:3
2. Runde: Miriam Schropp 6:3, 6:4
3. Runde: Pilar Vasquez 6:4, 6:0
Hauptfeld:
1. Runde: Dianne Balestrat 3:6, 6:3, 7:6
2. Runde: Eva Pfaff 2:6, 4:6
Preisgeld **$ 1 200**

Freiburg 11.–17. Juli
1. Runde: Kate Brasher 6:3, 7:6
2. Runde: Sophie Amiach 6:3, 6:3
Viertelfinale: Renata Tomanova 6:4, 6:0
Halbfinale: Catherine Tanvier 3:6, 5:7
Preisgeld **$ 2 750**

US Open (New York) 30. August–12. September
Qualifikation:
1. Runde: Melissa Brown 1:6, 2:6
Preisgeld **$ 500**

Salt Lake City (Utha) 12.–18. September
1. Runde: Claudia Pasquale 6:1, 6:2
2. Runde: Kate Latham 5:7, 7:6, 4:6
Preisgeld **$ 750**

Brighton (England) 18.–24. Oktober
1. Runde: Anthea Stewart 6:1, 7:5
2. Runde: Lea Plchova 7:6, 7:6
Viertelfinale: Chritine Calleja 6:7, 7:5, 4:6
Preisgeld **$ 650**

Filderstadt 25.–31. Oktober
1. Runde: Renata Sasak 6:1, 6:3
2. Runde: Jo Durie 0:6, 3:6
Preisgeld **$ 725**

Sydney (Australien) 1.–7. November
1. Runde: Kristin Kinney 4:6, 6:2, 6:3
2. Runde: Gigi Fernandez 4:6, 1:6
Preisgeld **$ 800**

Brisbane (Australien) 14.–20. November
1. Runde: Anna Maria Fernandez 6:3, 6:4
2. Runde: Helena Sukova 2:6, 3:6
Preisgeld **$ 800**

Australian Open (Kooyang) 28. November–12. Dezember
1. Runde: Elizabeth Smylie 1:6 (Aufgabe Graf)
Preisgeld **$ 1 500**

1984

Miami (Florida) 27. März–2. April
1. Runde: Yvonne Vermaak 4:6, 4:6
Preisgeld **$ 350**

Hilton Head (South Carolina) 9.–15. April
Qualifikation:
1. Runde: Yvona Brzakova 6:0, 6:0
2. Runde: Emilse Raponi Longo 6:3, 6:0
Hauptfeld:
1. Runde: Camille Benjamin 3:6, 1:6
Preisgeld **$ 575**

Amelia Island (Florida) 17.–23. April
Qualifikation:
1. Runde: Emilse Raponi Longo 5:7, 7:5, 5:7
Preisgeld **$ 250**

Swiss Open 7.–13. Mai
1. Runde: Raffaela Reggi 5:7, 4:6
Preisgeld **$ 625**

German Open (Berlin) 14.–20. Mai
1. Runde: Anne Hobbs 6:2, 7:5
2. Runde: Pat Medrado 6:4, 6:7, 6:0
3. Runde: Bonnie Gadusek 6:0, 6:4
Viertelfinale: Claudia Kohde-Kilsch 3:6, 0:6
Preisgeld **$ 3 300**

French Open 28. Mai–10. Juni
1. Runde: Emilse Raponi Longo 6:2, 7:6
2. Runde: Shelly Solomon 6:2, 6:1

3. Runde: Claudia Kohde-Kilsch 2:6, 6:2, 1:6
Preisgeld $ 3 600

Wimbledon 25. Juni–8. Juli
1. Runde: Susan Mascarin 6:4, 5:7, 10:8
2. Runde: Sue Barker 7:6, 6:3
3. Runde: Bettina Bunge 7:5, 6:3
Achtelfinale: Jo Durie 6:3, 3:6, 7:9
Preisgeld $ 8 740

Mahwah (New Jersey) 13.–19. August
1. Runde: Mary Lou Daniels 0:6, 6:0, 6:1
2. Runde: Kathy Rinaldi 4:6, 4:6
Preisgeld $ 800

US Open (New York) 27. August–9. September
1. Runde: Sylvia Hanika 4:6, 2:6
Preisgeld $ 1 800

Filderstadt 9.–15. Oktober
1. Runde: Andrea Temesvari 6:2, 3:6, 6:2
2. Runde: Iva Budarova 6:1, 6:1
Viertelfinale: Claudia Kohde-Kilsch 6:2, 2:6, 6:2
Halbfinale: Andrea Leand 7:6, 1:6, 6:3
Finale: Catarina Lindqvist 1:6, 4:6
Preisgeld $ 14 000

Brighton (England) 23.–28. November
1. Runde: Catarina Lindqvist 6:4, 4:6, 5:7
Preisgeld $ 1 000

Brisbane (Australien) 12.–18. November
1. Runde: Freilos
2. Runde: Corinne Vanier 5:7, 6:7
Preisgeld $ 800

Sydney (Australien) 19.–25. November
1. Runde: Linda Howell 7:5, 4:6, 6:3
2. Runde: Rosalyn Fairbank 0:6, 6:4, 6:4
3. Runde: Wendy Turnbull 2:6, 5:7
Preisgeld $ 1 600

Australien Open (Melbourne) 26. November–9. Dezember
1. Runde: Sandy Collins 6:2, 6:4
2. Runde: Lea Antonoplis 2:6, 6:1, 6:0
3. Runde: Wendy Turnbull 4:6, 4:6
Preisgeld $ 6 500

1985

Key Biscayne (Florida) 14.–27. Januar
1. Runde: Jo Durie 6:2, 4:6, 5:7
Preisgeld $ 400

Marco Island (Florida) 28. Januar–3. Februar
1. Runde: Linda Howell Freilos
2. Runde: Elise Burgin 6:2, 7:6
3. Runde: Anne Minter 3:6, 1:6
Preisgeld $ 1 100

Delray Beach (Florida) 11.–17. Februar
1. Runde: Sylvia Hanika 6:2, 6:4
2. Runde: Virginia Wade 6:2, 6:2
3. Runde: Catherine Tanvier 6:3, 7:5
4. Runde: Kathy Rinaldi 6:1, 1:0 (Aufgabe Rinaldi)
Viertelfinale: Andrea Temesvari 6:2, 6:1
Halbfinale: Chris Evert 4:6, 2:6
Preisgeld $ 28 125

Hilton Head (South Carolina) 8.–14. April
1. Runde: Angeliki Kanellopoulou 4:6, 6:3, 6:3
2. Runde: Annabel Croft 6:1, 6:4
3. Runde: Andrea Temesvari 6:0, 1:0 (Aufgabe Temesvari)
Viertelfinale: Petra Huber 6:1, 5:7, 7:5
Halbfinale: Chris Evert 2:6, 1:6
Preisgeld $ 8 400

Amelia Island (Florida) 15.–21. April
1. Runde: Carina Karlsson 6:4, 6:3
2. Runde: Joanne Russell 6:0, 6:3
3. Runde: Pam Casale 6:4, 6:2
Viertelfinale: Zina Garrison 7;6, 1:6, 2:6
Preisgeld $ 3 900

German Open (Berlin) 14.–20. Mai
1. Runde: Freilos
2. Runde: Jo Durie 3:6, 6:2, 6:3
3. Runde: Etsuko Inoue 6:1, 6:0
Viertelfinale: Kathleen Horvath 6:1, 6:3
Halbfinale: Bettina Bunge 6:1, 6:3
Finale: Chris Evert 4:6, 5:7
Preisgeld $ 13 000

French Open 27. Mai–9. Juni
1. Runde: Emiko Okagawa 7:5, 3:6, 6:4
2. Runde: Grace Kim 6:0, 6:4
3. Runde: Bettina Bunge 6:1, 7:6
Achtelfinale: Chris Evert 2:6, 3:6
Preisgeld $ 8 600

Wimbledon 24. Juni–7. Juli
1. Runde: Lisa Spain-Short 6:7, 6:4, 6:2
2. Runde: Andrea Temesvari 6:3, 7:6
3. Runde: Stephanie Rehe 6:3, 6:2
Achtelfinale: Pam Shriver 6:3, 2:6, 4:6
Preisgeld $ 8 757

Mahwah (New Jersey) 12.–18. August
1. Runde: Freilos
2. Runde: Amanda Brown 6:1, 6:4
3. Runde: Katerina Maleeva 6:2, 6:0
Viertelfinale: Kathy Jordan 6:4, 6:4
Halbfinale: Gabriela Sabatini 4:6, 6:0, 6:3
Finale: Kathy Rinaldi 4:6, 6:3, 4:6
Preisgeld $ 13 000

US Open (New York) 26. August–8. September
1. Runde: Patti Fendick 4:6, 6:1, 7:5
2. Runde: Anne Minter 6:3, 7:6
3. Runde: Anne White 6:4, 6:2
Achtelfinale: Manuela Maleeva 6:2, 6:2
Viertelfinale: Pam Shriver 7:6, 6:7, 7:6
Halbfinale: Martina Navratilova 2:6, 3:6
Preisgeld $ 45 937

Fort Landerdale (Florida) 30. September–6. Oktober
1. Runde: Anna Maria Fernandez 6:1, 6:2
2. Runde: Eva Krapl 6:4, 6:1
Viertelfinale: Stephanie Rehe 7:5, 4:6, 6:2
Halbfinale: Bonnie Gadusek 6:3, 7:6
Finale: Martina Navratilova 3:6, 1:6
Preisgeld $ 13 600

Filderstadt 14.–20. Oktober
1. Runde: Molly van Nostrand 6:1, 6:3
2. Runde: Kim Schaefer 6:2, 6:2
Viertelfinale: Lisa Bonder-Kreiss 7:6, 6:2
Halbfinale: Pam Shriver 4:6, 3:6
Preisgeld $ 7 925

Brighton (England) 21.–27. Oktober
1. Runde: Catherine Tanvier 6:2, 6:7, 6:2
2. Runde: Jo Durie 2:6, 3:6
Preisgeld $ 1 900

1986

Key Biscayne (Florida) 20. Januar–2. Februar
1. Runde: Freilos
2. Runde: Alycia Moulton 3:6, 6:4, 6:1
3. Runde: Mary Joe Fernandez 6:0, 6:1
Viertelfinale: Wendy Turnbull 6:1, 6:3
Halbfinale: Bonnie Gadusek 6:0, 6:2
Finale: Chris Evert 3:6, 1:6
Preisgeld $ 20 000

Boca Raton (Florida) 17.–23. Februar
1. Runde: Melissa Gurney 1:6, 7:5, 6:1
2. Runde: Shawn Foltz 6:2, 6:4
3. Runde: Sara Gomer 6:0, 4:6, 6:4
4. Runde: Alycia Moulton 6:1, 6:4
Viertelfinale: Zina Garrison 6:2, 6:7, 6:3
Halbfinale: Helena Sukova 6:2, 6:1
Finale: Chris Evert 4:6, 2:6
Preisgeld $ 56 250

WTA-Championships 1 (New York) 17.–23. März
1. Runde: Gabriela Sabatini 6:0, 6:7, 6:2
Viertelfinale: Pam Shriver 4:6, 7:6, 6:3
Halbfinale: Martina Navratilova 2:6, 2:6
Preisgeld $ 30 000

Hilton Head (South Carolina) 7.–13. April
1. Runde: Freilos
2. Runde: Mercedes Paz 6:4, 6:4
3. Runde: Tine Scheuer-larsen 6:2, 6:3
Viertelfinale: Manuela Maleeva 6:4, 7:5
Halbfinale: Hana Mandlikova 6:2, 6:4
Finale: Chris Evert 6:4, 7:5
Preisgeld $ 38 000

Amelia Island (Florida) 14.–20. April
1. Runde: Freilos
2. Runde: Niege Dias 6:4, 6:4
3. Runde: Sabrina Goles 6:0, 6:3
Viertelfinale: Laura Gildemeister 6:3, 6:2
Halbfinale: Kathy Rinaldi 6:1, 5:7, 6:3
Finale: Claudia Kohde-Kilsch 6:4, 5:7, 7:6
Preisgeld $ 40 000

Indianapolis (Indiana) 28. April–4. Mai
1. Runde: Freilos
2. Runde: Mary Joe Fernandez 6:3, 6:1

3. Runde: Yvonne Vermaak	6:0, 6:2
Viertelfinale: Terry Phelps	6:4, 6:3
Halbfinale: Mercedes Paz	6:3, 6:2
Finale: Gabriela Sabatini	2:6, 7:6, 6:4
Preisgeld	**$ 38 000**

German Open (Berlin) **12.–18. Mai**

1. Runde:	Freilos
2. Runde: Amy Holton	6:1, 6:1
3. Runde: Sabrina Goles	6:1, 6:0
Viertelfinale: Andrea Temesvari	6:3, 6:3
Halbfinale: Hana Mandlikova	kampflos
Finale: Martina Navratova	6:2, 6:3
Preisgeld	**$ 29 000**

French Open **26. Mai–8. Juni**

1. Runde: Andrea Betzner	6:1, 6:0
2. Runde: Gretchen Magers	6:1, 6:1
3. Runde: Marcella Mesker	6:2, 6:1
Achtelfinale: Pam Casale	6:1, 6:3
Viertelfinale: Hana Mandlikova	6:2, 6:7, 1:6
Preisgeld	**$ 19 400**

Mahwah (New Jersey) **18.–24. August**

1. Runde:	Freilos
2. Runde: Anne Minter	6:1, 6:2
3. Runde: Melissa Gurney	6:3, 6:3
Viertelfinale: Isabelle Demongeot	6:3, 6:2
Halbfinale: Jo Durie	6:4, 6:7, 6:1
Finale: Molly van Nostrand	7:5, 6:1
Preisgeld	**$ 29 000**

US Open (New York) **25. August–7. September**

1. Runde: Susan Mascarin	6:0, 6:1
2. Runde: Andrea Temesvari	6:1, 6:0
3. Runde: Beverly Bowes	6:1, 1:0 (Aufgabe Bowes)
Achtelfinale: Raffaela Reggi	6:1, 3:6, 6:0
Viertelfinale: Bonnie Gadusek	6:3, 6:1
Halbfinale: Martina Navratilova	1:6, 7:6, 6:7
Preisgeld	**$ 51 450**

Pan Pacific (Tokio) **8.–14. September**

1. Runde:	Freilos
2. Runde: Akido Kijimuta	6:1, 6:2
Viertelfinale: Wendy White	7:6, 7:5
Halbfinale: Catherine Tanvier	6:4, 6:1
Finale: Manuela Maleeva	6:4, 6:2
Preisgeld	**$ 47 000**

European Indoors (Zürich) **6.–12. Oktober**

1. Runde: Nathalie Tauziat	6:1, 6:2
2. Runde: Alycia Moulton	6:1, 6:0
Viertelfinale: Stephanie Rehe	6:3, 6:1
Halbfinale: Eva Pfaff	6:0, 6:1
Finale: Helena Sukova	4:6, 6:2, 6:4
Preisgeld	**$ 30 000**

Brighton (England) **20.–26. Oktober**

1. Runde: Christiane Jolissaint	6:0, 6:2
2. Runde: Raffaela Reggi	6:4, 6:4
Viertelfinale: Robin White	1:6, 6:4, 6:2
Halbfinale: Rosalyn Fairbank	6:1, 6:2
Finale: Catarina Lindqvist	6:3, 6:3
Preisgeld	**$ 40 000**

WTA-Championships 2 (New York) **17.–23. November**

1. Runde: Lori McNeil	7:5, 4:6, 6:2
Viertelfinale: Manuela Maleeva	3:6, 6:3, 7:5
Halbfinale: Helena Sukova	7:6, 3:6, 6:1
Finale: Martina Navratilova	6:7, 3:6, 2:6
Preisgeld	**$ 60 000**

1987

Boca Raton (Florida) **16.–22. Februar**

1. Runde:	Freilos
2. Runde: Angeliki Kanellopoulou	6:2, 6:0
3. Runde: Sara Gomer	6:0, 6:0
Viertelfinale: Claudia Kohde-Kilsch	7:6, 6:2
Halbfinale: Pam Shriver	6:4, 6:3
Finale: Helena Sukova	6:2, 6:3
Preisgeld	**$ 50 000**

Key Biscayne (Florida) **23. Februar–8. März**

1. Runde: Manon Bollegraf	6:1, 6:1
2. Runde: Elise Burgin	6:3, 6:4
3. Runde: Sara Gomer	6:1, 6:0
4. Runde: Kathrin Keil	6:0, 6:1
Viertelfinale: Lisa Bonder-Kreiss	6:0, 6:1
Halbfinale: Martina Navratilova	6:3, 6:2
Finale: Chris Evert	6:1, 6:2
Preisgeld	**$ 150 000**

Hilton Head (South Carolina) **6.–12. April**

1. Runde:	Freilos
2. Runde: Mariana Perez-Roldan	6:2, 6:0
3. Runde: Christine Calleja	6:1, 6:2
Viertelfinale: Helen Kelesi	6:2, 6:2
Halbfinale: Gabriela Sabatini	6:3, 2:6, 7:6
Finale: Manuela Maleeva	6:2, 4:6, 6:3
Preisgeld	**$ 60 000**

Amelia Island (Florida) **13.–19. April**

1. Runde:	Freilos
2. Runde: Vicki Nelson-Dunbar	6:2, 6:2
3. Runde: Bettina Fulco	6:0, 6:1
Viertelfinale: Manuela Maleeva	6:1, 6:0
Halbfinale: Gabriela Sabatini	6:2, 6:2
Finale: Hana Mandlikova	6:3, 6:4
Preisgeld	**$ 60 000**

Italian Open (Rom) **4.–10. Mai**

1. Runde:	Freilos
2. Runde: Petra Huber	6:2, 6:2
3. Runde: Sandra Cecchini	6:1, 7:5
Viertelfinale: Bettina Fulco	6:4, 6:4
Halbfinale: Helena Sukova	6:3, 6:3
Finale: Gabriela Sabatini	7:5, 4:6, 6:0
Preisgeld	**$ 30 000**

German Open (Berlin) **11.–17. Mai**

1. Runde:	Freilos
2. Runde: Janine Thompson	6:4, 6:1
3. Runde: Claudia Porwik	6:0, 6:1
Viertelfinale: Nathalie Tauziat	6:2, 6:1
Halbfinale: Sandra Cecchini	6:3, 6:7, 6:4
Finale: Claudia Kohde-Kilsch	6:2, 6:3
Preisgeld	**$ 30 000**

French Open **25. Mai–7. Juni**

1. Runde: Csilla Bartos	6:1, 6:1
2. Runde: Iva Budarova	6:1, 6:1
3. Runde: Jana Novotna	6:0, 6:1
Achtelfinale: Helen Kelesi	7:6, 6:2
Viertelfinale: Manuela Maleeva	6:4, 6:1
Halbfinale: Gabriela Sabatini	6:4, 4:6, 7:5
Finale: Martina Navratilova	6:4, 4:6, 8:6
Preisgeld	**$ 179 700**

Wimbledon **22. Juni–5. Juli**

1. Runde: Adriana Villagran	6:0, 6:2
2. Runde: Tine Scheuer-Larsen	6:0, 6:0
3. Runde: Laura Gildemeister	6:2, 6:1
Achtelfinale: Jana Novotna	6:4, 6:3
Viertelfinale: Gabriela Sabatini	4:6, 6:1, 6:1
Halbfinale: Pam Shriver	6:0, 6:2
Finale: Martina Navratilova	5:7, 3:6
Preisgeld	**$ 99 045**

Los Angeles (Kalifornien) **10.–16. August**

1. Runde:	Freilos
2. Runde: Terry Phelps	6:3, 6:2
3. Runde: Pascale Paradis	6:0, 6:0
Viertelfinale: Bettina Bunge	6:1, 6:1
Halbfinale: Gabriela Sabatini	7:5, 7:5
Finale: Chris Evert	6:3, 6:4
Preisgeld	**$ 50 000**

US Open (New York) **31. August–13. September**

1. Runde: Bettina Fulco	6:0, 6:3
2. Runde: Petra Huber	6:2, 6:3
3. Runde: Patricia Tarabini	6:2, 6:0
Achtelfinale: Sylvia Hanika	7:5, 6:2
Viertelfinale: Pam Shriver	4:6, 6:2, 6:4
Halbfinale: Lori McNeil	4:6, 6:2, 6:4
Finale: Martina Navratilova	6:7, 1:6
Preisgeld	**$ 125 000**

Hamburg **21.–27. September**

1. Runde:	Freilos
2. Runde: Louise Field	6:1, 6:2
3. Runde: Bettina Fulco	6:2, 6:4
Viertelfinale: Wiltrud Probst	6:2, 6:0
Halbfinale: Sandra Cecchini	6:0, 6:2
Finale: Isabel Cueto	6:2, 6:2
Preisgeld	**$ 50 000**

European Indoors (Zürich) **26. Oktober–1. November**

1. Runde: Claudia Porwik	6:0, 6:1
2. Runde: Julie Halard	6:1, 6:2
Viertelfinale: Katerina Maleeva	6:2, 6:3
Halbfinale: Manuela Maleeva	6:4, 6:7, 6:1
Finale: Hana Mandlikova	6:2, 6:2
Preisgeld	**$ 30 500**

WTA-Championships (New York) **16.–22. November**

1. Runde: Zina Garrison	6:2, 6:3
Viertelfinale: Helena Sukova	6:2, 2:0 (Aufgabe Sukova)
Halbfinale: Sylvia Hanika	6:1, 6:4
Finale: Gabriela Sabatini	4:6, 6:4, 6:0, 6:4
Preisgeld	**$ 125 000**

1988

Australian Open (Melbourne) 11.–24. Januar
1. Runde: Amy Joensson 6:3, 6:1
2. Runde: Janine Thompson 6:0, 6:1
3. Runde: Cammy MacGregor 6:1, 6:2
Achtelfinale: Catarina Lindqvist 6:0, 7:5
Viertelfinale: Hana Mandlikova 6:2, 6:2
Halbfinale: Claudia Kohde-Kilsch 6:2, 6:3
Finale: Chris Evert 6:1, 7:6
Preisgeld $ 110 000

San Antonio (Texas) 29. Februar–6. März
1. Runde: Cammy MacGregor 6:1, 6:2
2. Runde: Sara Gomer 6:3, 6:2
Viertelfinale: Nathalie Tauziat 6:3, 6:2
Halbfinale: Lori McNeil 6:7, 6:1, 6:1
Finale: Katerina Maleeva 6:4, 6:1
Preisgeld $ 40 000

Boca Raton (Florida) 7.–13. März
1. Runde: Freilos
2. Runde: Lisa Bonder 6:1, 6:1
3. Runde: Nathalie Tauziat 6:2, 6:1
Viertelfinale: Pascale Paradis 6:1, 6:2
Halbfinale: Pam Shriver 6:4, 4:6, 7:6
Finale: Gabriela Sabatini 6:2, 3:6, 1:6
Preisgeld $ 40 000

Key Biscayne (Florida) 14.–27. März
1. Runde: Jana Novotna 6:2, 6:2
2. Runde: Sara Gomer 6:1, 6:3
3. Runde: Rosalyn Fairbank 7:6, 6:0
4. Runde: Jo Durie 6:1, 6:1
Viertelfinale: Claudia Kohde-Kilsch 6:3, 6:0
Halbfinale: Stephanie Rehe 6:3, 6:1
Finale: Chris Evert 6:4, 6:4
Preisgeld $ 112 500

Amelia Island (Florida) 11.–17. April
1. Runde: Freilos
2. Runde: Pilar Vasquez 6:1, 6:0
3. Runde: Donna Faber 6:1, 6:1
Viertelfinale: Katerina Maleeva 6:2, 6:0
Halbfinale: Gabriela Sabatini 3:6, 6:4, 5:7
Preisgeld $ 12 000

German Open (Berlin) 9.–15. Mai
1. Runde: Freilos
2. Runde: Julie Halard 6:0, 6:1
3. Runde: Silke Meier 6:2, 6:1
Viertelfinale: Nicole Provis 6:0, 6:2
Halbfinale: Claudia Kohde-Kilsch 6:1, 6:0
Finale: Helena Sukova 6:3, 6:2
Preisgeld $ 60 000

French Open 23. Mai–5. Juni
1. Runde: Natalie Guerre 6:0, 6:4
2. Runde: Ronni Reis 6:1, 6:0
3. Runde: Susan Sloane 6:0, 6:1
Achtelfinale: Nathalie Tauziat 6:1, 6:3
Viertelfinale: Bettina Fulco 6:0, 6:1
Halbfinale: Gabriela Sabatini 6:3, 7:6
Finale: Natascha Zwerewa 6:0, 6:0
Preisgeld $ 246 362

Wimbledon 20. Juni–3. Juli
1. Runde: Hu Na 6:0, 6:0
2. Runde: Karine Quentrec 6:2, 6:0
3. Runde: Terry Phelps 6:3, 6:1
Achtelfinale: Mary Joe Fernandez 6:2, 6:2
Viertelfinale: Pascale Paradis 6:3, 6:1
Halbfinale: Pam Shriver 6:1, 6:2
Finale: Martina Navratilova 5:7, 6:2, 6:1
Preisgeld $ 249 480

Hamburg 25.–31. Juli
1. Runde: Freilos
2. Runde: Regina Marsikova 6:0, 6:3
3. Runde: Sabrina Goles 6:4, 6:2
Viertelfinale: Raffaela Reggi 6:0, 6:0
Halbfinale: Bettina Fulco 6:2, 6:3
Finale: Katerina Maleeva 6:4, 6:2
Preisgeld $ 40 000

Mahawa (New Jersey) 22.–28. August
1. Runde: Freilos
2. Runde: Arantxa Sánchez 6:2, 6:0
Viertelfinale: Sylvia Hanika 6:2, 6:1
Halbfinale: Helena Sukova 6:1, 6:1
Finale: Nathalie Tauziat 6:0, 6:1
Preisgeld $ 40 000

US Open (New York) 29. August–11. September
1. Runde: Elizabeth Minter 6:1, 6:1
2. Runde: Manon Bollegraf 6:1, 6:0
3. Runde: Nathalie Herreman 6:0, 6:1
Achtelfinale: Patty Fendick 6:4, 6:2
Viertelfinale: Katarina Maleeva 6:3, 6:0
Halbfinale: Christ Evert kampflos
Finale: Gabriela Sabatini 6:3, 3:6, 6:1
Preisgeld $ 275 000

Olympia (Seoul) 17. September–2. Oktober
1. Runde: Freilos
2. Runde: Leila Meschki 7:5, 6:1
3. Runde: Catherine Suire 6:3, 6:0
Viertelfinale: Larisa Sawtschenko 6:2, 4:6, 6:3
Halbfinale: Zina Garrison 6:2, 6:0
Finale: Gabriela Sabatini 6:3, 6:3
Preisgeld $ 0

Brighton (England) 24.–30. Oktober
1. Runde: Iva Budarova 6:3, 6:2
2. Runde: Hester Witvoet 6:1, 6:1
Viertelfinale: Nathalie Tauziat 6:3, 6:2
Halbfinale: Lori McNeil 6:2, 5:7, 6:4
Finale: Manuela Maleeva 6:2, 6:0
Preisgeld $ 50 000

WTA-Championships (New York) 14.–20. November
1. Runde: Claudia Kohde-Kilsch 6:1, 4:6, 6:1
Viertelfinale: Manuela Maleeva 6:1, 6:3
Halbfinale: Pam Shriver 3:6, 6:7
Preisgeld $ 26 500

1989

Australian Open (Melbourne) 17.–29. Januar
1. Runde: Kerry-Anne Guse 6:2, 6:1
2. Runde: Rene Simpson 6:0, 6:0
3. Runde: Marianne Werdel 6:0, 6:1
Achtelfinale: Nicole Provis 6:4, 6:0
Viertelfinale: Claudia Kohde-Kilsch 6:2, 6:3
Halbfinale: Gabriela Sabatini 6:3, 6:0
Finale: Helena Sukova 6:4, 6:4
Preisgeld $ 135 000

Washington D.C. 16.–19. Februar
1. Runde: Stacey Martin 6:1, 6:1
2. Runde: Carling Bassett-Seguso 6:0, 6:0
Viertelfinale: Helen Kelesi 6:0, 6:1
Halbfinale: Natascha Zwerewa 6:3, 6:4
Finale: Zina Garrison 6:1, 7:5
Preisgeld $ 60 000

San Antonio (Texas) 27. Februar–5. März
1. Runde: Beth Herr 6:0, 6:1
2. Runde: Leigh Anne Eldredge 6:0, 6:1
Viertelfinale: Terry Phelps 6:3, 6:0
Halbfinale: Hana Mandlikova 7:6, 6:3
Finale: Ann Henricksson 6:1, 6:4
Preisgeld $ 40 000

Boca Raton (Florida) 13.–19. März
1. Runde: Freilos
2. Runde: Elna Reinach 6:1, 6:2
3. Runde: Susan Sloane 6:0, 6:1
Viertelfinale: Helen Kelesi 6:1, 6:1
Halbfinale: Helena Sukova 6:2, 6:1
Finale: Chris Evert 4:6, 6:2, 6:3
Preisgeld $ 60 000

Hilton Head (South Carolina) 3.–9. April
1. Runde: Freilos
2. Runde: Rosalyn Fairbank 6:4, 6:3
3. Runde: Regina Rajchrtowa 6:0, 6:2
Viertelfinale: Radka Zrubakova 6:2, 6:1
Halbfinale: Arantxa Sánchez 6:2, 6:4
Finale: Natascha Zwerewa 6:1, 6:1
Preisgeld $ 60 000

Amelia Island (Florida) 10.–16. April
1. Runde: Freilos
2. Runde: Elise Burgin 6:1, 6:2
3. Runde: Laura Lapi 6:1, 6:0
Viertelfinale: Hana Mandlikova 6:3, 6:4
Halbfinale: Arantxa Sánchez 6:3, 6:2
Finale: Gabriela Sabatini 6:3, 3:6, 5:7
Preisgeld $ 24 000

Hamburg 1.–7. Mai
1. Runde: Freilos
2. Runde: Sabine Hack kampflos
3. Runde: Nicole Jagermann 6:1, 6:2
Viertelfinale: Rachel McQuillan 6:1, 6:0
Halbfinale: Bettina Fulco 6:4, 6:0
Finale: Jana Novotna 6:4, 6:0
Preisgeld $ 40 000

German Open (Berlin 15.– 21. Mai
1. Runde: Freilos
2. Runde: Tine Scheuer-Larsen 7:5, 6:4
3. Runde: Niege Dias 6:0, 6:0
Viertelfinale: Sandra Cecchini 6:2, 6:0
Halbfinale: Helen Kelesi 6:2, 6:0
Finale: Gabriela Sabatini 6:3, 6:1
Preisgeld $ 60 000

French Open	29. Mai–11. Juni
1. Runde: Camille Benjamin	6:1, 6:1
2. Runde: Bettina Fulco	6:0, 6:1
3. Runde: Nicole Jagermann	6:1, 6:2
Achtelfinale: Silvia la Fratta	6:2, 6:1
Viertelfinale: Conchita Martinez	6:0, 6:4
Halbfinale: Monica Seles	6:3, 3:6, 6:3
Finale: Arantxa Sánchez	6:7, 6:3, 5:7
Preisgeld	**$ 128 690**

Wimbledon	26. Juni–9. Juli
1. Runde: Julie Salmon	6:1, 6:2
2. Runde: Kimberly Kessaris	6:2, 6:1
3. Runde: Anne Minter	6:1, 6:3
Achtelfinale: Monica Seles	6:0, 6:1
Viertelfinale: Arantxa Sánchez	7:5, 6:1
Halbfinale: Chris Evert	6:2, 6:1
Finale: Martina Navratilova	6:2, 6:7, 6:1
Preisgeld	**$ 298 070**

San Diego (Kalifornien)	31. Juli–6. August
1. Runde: Rene Simpson	6:0, 6:0
2. Runde: Betsy Nagelsen	6:1, 6:1
Viertelfinale: Claudia Kohde-Kilsch	6:0, 6:0
Halbfinale: Bettina Bunge	6:1, 6:2
Finale: Zina Garrison	6:4, 7:5
Preisgeld	**$ 40 000**

Mahwah (New Jersey)	14.–20. August
1. Runde: Kimberly Kessaris	6:0, 6:0
2. Runde: Etsuko Inoue	6:1, 6:1
Viertelfinale: Hana Mandlikova	6:0, 6:1
Halbfinale: Linda Ferrando	6:1, 6:2
Finale: Andrea Temesvari	7:5, 6:2
Preisgeld	**$ 40 000**

US Open (New York)	28. August–10. September
1. Runde: Etsuko Inoue	6:3, 6:1
2. Runde: Nathalie Herreman	6:1, 6:1
3. Runde: Terry Phelps	6:1, 6:1
Achtelfinale: Rosalyn Fairbank	6:4, 6:0
Viertelfinale: Helena Sukova	6:1, 6:1
Halbfinale: Gabriela Sabatini	3:6, 6:4, 6:2
Finale: Martina Navratilova	3:6, 7:5, 6:1
Preisgeld	**$ 300 000**

European Indoors (Zürich)	16.–22. Oktober
1. Runde: Patty Fendick	6:3, 6:1
2. Runde: Dinky van Rensburg	6:2, 6:1
Viertelfinale: Karine Quentrec	6:2, 6:3
Halbfinale: Helena Sukova	6:1, 6:3
Finale: Jana Novotna	6:1, 7:6
Preisgeld	**$ 50 000**

Brighton (England)	23.–29. Oktober
1. Runde: Laura Garrone	6:0, 6:0
2. Runde: Claudia Kohde-Kilsch	6:0, 6:3
Viertelfinale: Elna Reinach	6:3, 6:1
Halbfinale: Jana Novotna	4:6, 6:3, 6:3
Finale: Monica Seles	7:5, 6:4
Preisgeld	**$ 50 000**

WTA-Championships (New York) 13.–19. November	
1. Runde: Jana Novotna	6:3, 6:4
Viertelfinale: Helena Sukova	6:2, 6:1
Halbfinale: Gabriela Sabatini	6:3, 5:7, 6:1
Finale: Martina Navratilova	6:4, 7:5, 2:6, 6:2
Preisgeld	**$ 125 000**

1990

Australian Open	15.–28. Januar
1. Runde: Carrie Cunningham	6:2, 7:5
2. Runde: Erika de Lone	6:1, 6:2
3. Runde: Leila Meschki	6:4, 6:1
Achtelfinale: Raffaela Reggi	6:2, 6:3
Viertelfinale: Patty Fendick	6:3, 7:5
Halbfinale: Helena Sukova	6:3, 3:6, 6:4
Finale: Mary Joe Fernandez	6:3, 6:4
Preisgeld	**$ 176 700**

Pan Pacific (Tokio)	29. Januar–4. Februar
1. Runde:	Freilos
2. Runde: Nicole Jagermann	6:0, 6:1
Viertelfinale: Larisa Sawtschenko	6:0, 6:3
Halbfinale: Manuela Maleeva	6:4, 6:4
Finale: Arantxa Sánchez-Vicario	6:1, 6:2
Preisgeld	**$ 70 000**

Amelia Island (Florida)	9.–15. April
1. Runde:	Freilos
2. Runde: Petra Langrova	6:1, 6:0
3. Runde: Andrea Temesvari	6:0, 6:1
Viertelfinale: Carling Bassett-Seguso	6:4, 6:4
Halbfinale: Natascha Zwerewa	7:6, 6:7, 6:1
Finale: Arantxa Sánchez-Vicario	6:1, 6:0
Preisgeld	**$ 70 000**

Hamburg	30. April–6. Mai
1. Runde:	Freilos
2. Runde: Laura Lapi	6:1, 6:2
3. Runde: Nicole Provis	6:0, 6:2
Viertelfinale: Helena Sukova	6:1, 6:2
Halbfinale: Judith Wiesner	6:4, 6:2
Finale: Arantxa Sánchez-Vicario	5:7, 6:0, 6:1
Preisgeld	**$ 70 000**

German Open (Berlin)	14.–20. Mai
1. Runde:	Freilos
2. Runde: Mercedes Paz	6:1, 6:2
3. Runde: Katia Piccolini	6:0, 6:1
Viertelfinale: Leila Meschki	6:4, 6:1
Halbfinale: Natascha Zwerewa	6:4, 6:2
Finale: Monica Seles	4:6, 3:6
Preisgeld	**$ 40 000**

French Open	28. Mai–10. Juni
1. Runde: Pascale Paradis	6:0, 6:2
2. Runde: Jennifer Santrock	6:1, 6:2
3. Runde: Sandra Cecchini	6:2, 6:3
Achtelfinale: Nathalie Tauziat	6:1, 6:4
Viertelfinale: Conchita Martinez	6:1, 6:3
Halbfinale: Jana Novotna	6:1, 6:2
Finale: Monica Seles	6:7. 4:6
Preisgeld	**$ 146 500**

Wimbledon	25. Juni–8. Juli
1. Runde: Claudia Porwik	6:1, 6:2
2. Runde: Meredith McGrath	6:3, 6:0
3. Runde: Claudia Kohde-Kilsch	6:0, 6:4
Achtelfinale: Jennifer Capriati	6:2, 6:4
Viertelfinale: Jana Novotna	7:5, 6:2
Halbfinale: Zina Garrison	3:6, 6:3, 4:6
Preisgeld	**$ 86 210**

Canadian Open (Montreal)	30. Juli–5. August
1. Runde:	Freilos
2. Runde: Monique Javer	6:1, 6:2
3. Runde: Lori McNeil	7:5, 6:3
Viertelfinale: Natascha Zwerewa	6:0, 6:4
Halbfinale: Nathalie Tauziat	6:2, 6:2
Finale: Katerina Maleeva	6:1, 6:7, 6:3
Preisgeld	**$ 100 000**

San Diego (Kalifornien)	6.–12. August
1. Runde: Stephanie Rehe	6:0, 6:3
2. Runde: Kathy Rinaldi	6:3, 6:4
Viertelfinale: Nathalie Tauziat	6:3, 6:2
Halbfinale: Zina Garrison	6:4, 7:5
Finale: Manuela Maleeva-Fragniere	6:3, 6:2
Preisgeld	**$ 45 000**

US Open (New York)	27. August–9. September
1. Runde: Maureen Drake	6:1, 6:1
2. Runde: Rachel McQuillan	6:1, 6:3
3. Runde: Elna Reinach	6:4, 3:6, 6:1
Achtelfinale: Jennifer Capriati	6:1, 6:2
Viertelfinale: Jana Novotna	6:3, 6:1
Halbfinale: Arantxa Sánchez-Vicario	6:1, 6:2
Finale: Gabriela Sabatini	2:6, 6:7
Preisgeld	**$ 175 000**

Leipzig	24.–30. September
1. Runde:	Freilos
2. Runde: Laura Golarsa	6:3, 6:2
Viertelfinale: Manon Bollegraf	6:1, 6:2
Halbfinale: Conchita Martinez	7:6, 7:6
Finale: Arantxa Sánchez-Vicario	6:1, 6:1
Preisgeld	**$ 45 000**

European Indoors (Zürich)	8.–14. Oktober
1. Runde: Andrea Leand	6:1, 6:4
2. Runde: Dinky van Rensburg	6:1, 6:4
Viertelfinale: Nathalie Tauziat	6:4, 6:1
Halbfinale: Manuela Maleeva-Fragniere	6:7, 6:2, 6:3
Finale: Gabriela Sabatini	6:3, 6:2
Preisgeld	**$ 70 000**

Brighton (England)	22.–28. Oktober
1. Runde: Cecilia Dahlmann	6:2, 6:2
2. Runde: Nathalie Herreman	6:4, 6:2
Viertelfinale: Nathalie Tauziat	6:2, 6:4
Halbfinale: Catarina Lindqvist	6:2, 7:5
Finale: Helena Sukova	7:5, 6:3
Preisgeld	**$ 70 000**

Worcester (Massachusetts)	8.–14. Oktober
1. Runde:	Freilos
2. Runde: Anne Smith	6:0, 6:4
Viertelfinale: Natascha Zwerewa	6:0, 6:1
Halbfinale: Manuela Maleeva-Fragniere	7:6, 6:7, 6:3
Finale: Gabriela Sabatini	7:6, 6:3
Preisgeld	**$ 70 000**

WTA-Championships (New York) 12.–18. November

1. Runde: Jennifer Capriati 6:3, 5:7, 6:3
Viertelfinale: Katerina Maleeva 6:3, 6:0
Halbfinale: Gabriela Sabatini 4:6, 4:6
Preisgeld **$ 53 000**

1991

Australian Open (Melbourne) 14.–27. Januar

1. Runde: Jennifer Santrock 6:3, 6:0
2. Runde: Maya Kidowaki 6:1, 6:0
3. Runde: Nicole Provis 6:4, 6:2
Achtelfinale: Karina Habsudova 6:0, 6:1
Viertelfinale: Jana Novotna 7:5, 4:6, 6:8
Preisgeld **$ 29 351**

Pan Pacific (Tokio) 28. Januar–3. Februar

1. Runde: Freilos
2. Runde: Anke Huber 6:2, 6:3
Viertelfinale: Gabriela Sabatini 6:4, 4:6, 6:7
Preisgeld **$ 8 400**

Boca Raton (Florida) 4.–10. März

1. Runde: Freilos
2. Runde: Cecilia Dahlmann 6:0, 6:1
3. Runde: Anke Huber 6:0, 6:1
Viertelfinale: Meredith McGrath 6:3, 6:1
Halbfinale: Nathalie Tauziat 6:1, 6:2
Finale: Gabriela Sabatini 4:6, 6:7
Preisgeld **$ 40 000**

Key Biscayne (Florida) 11.–24. März

1. Runde: Freilos
2. Runde: Erika de Lone 6:1, 6:2
3. Runde: Gretchen Magers 6:3, 6:0
Viertelfinale: Marianne Werdel 6:0, 6:1
Halbfinale: Manuela Maleeva-Fragniere 6:1, 6:3
Finale: Gabriela Sabatini 6:0, 6:7, 1:6
Preisgeld **$ 28 125**

San Antonio (Texas) 25.–31. März

1. Runde: Audra Keller 6:2, 6:1
2. Runde: Monique Javer 6:3, 6:1
Viertelfinale: Susan Sloane 6:1, 6:1
Halbfinale: Julie Halard 6:0, 6:1
Finale: Monica Seles 6:4, 6:3
Preisgeld **$ 45 000**

Amelia Island (Florida) 8.–14. April

1. Runde: Freilos
2. Runde: Rene Simpson-Alter 6:4, 6:0
3. Runde: Isabel Cueto 6:1, 6:1
Viertelfinale: Natascha Zwerewa 6:0, 6:2
Halbfinale: Patty Fendick 6:0, 6:1
Finale: Gabriela Sabatini 5:7, 6:7
Preisgeld **$ 28 000**

Hamburg 29. April–5. Mai

1. Runde: Freilos
2. Runde: Marketa Kochta 6:1, 6:3
3. Runde: Julie Halard 6:2, 6:3
Viertelfinale: Katerina Maleeva 6:3, 6:3
Halbfinale: Judith Wiesner 6:0, 6:1
Finale: Monica Seles 7:5, 6:7, 6:3
Preisgeld **$ 70 000**

German Open (Berlin) 13.–19. Mai

1. Runde: Freilos
2. Runde: Nicole Jagerman 6:2, 6:3
3. Runde: Elena Brioukhowets 6:0, 6:1
Viertelfinale: Radka Zrubakowa 6:3, 6:2
Halbfinale: Jana Novotna 6:1, 6:0
Finale: Arantxa Sánchez-Vicario 6:3, 4:6, 7:6
Preisgeld **$ 100 000**

French Open 27. Mai–9. Juni

1. Runde: Magdalena Maleeva 6:3, 7:6
2. Runde: Petra Langrova 6:0, 6:1
3. Runde: Shaun Stafford 6:0, 6:1
Achtelfinale: Sabine Appelmans 6:2, 6:2
Viertelfinale: Nathalie Tauziat 6:3, 6:2
Halbfinale: Arantxa Sánchez-Vicario 0:6, 2:6
Preisgeld **$ 94 896**

Wimbledon 24. Juni–7. Juli

1. Runde: Sabine Appelmans 6:2, 6:2
2. Runde: Peanut Louise-Harper 6:0, 6:1
3. Runde: Yayuk Basuki 6:2, 6:3
Achtelfinale: Amy Frazier 6:2, 6:1
Viertelfinale: Zina Garrison 6:1, 6:3
Halbfinale: Mary-Joe Fernandez 6:2, 6:4
Finale: Gabriela Sabatini 6:4, 3:6, 8:6
Preisgeld **$ 357 177**

US Open (New York) 26. August–8. September

1. Runde: Andrea Temesvari 6:1, 6:2
2. Runde: Catherine Mothes 6:0, 6:0
3. Runde: Eva Sviglerova 6:4, 7:5
Achtelfinale: Judith Wiesner 7:5, 6:4
Viertelfinale: Conchita Martinez 6:1, 6:3
Halbfinale: Martina Navratilova 6:7, 7:6, 4:6
Preisgeld **$ 100 000**

Leipzig 30. September–6. Oktober

1. Runde: Freilos
2. Runde: Petra Langrova 6:0, 6:1
Viertelfinale: Judith Wiesner 6:1, 7:6
Halbfinale: Barbara Paulus 6:1, 6:1
Finale: Jana Novotna 6:3, 6:3
Preisgeld **$ 45 000**

European Indoors (Zürich) 7.–13. Oktober

1. Runde: Eva Pfaff 6:1, 7:6
2. Runde: Andrea Strnadova 6:2, 6:4
Viertelfinale: Marketa Kochta 6:2, 6:1
Halbfinale: Helena Sukova 6:4, 6:3
Finale: Nathalie Tauziat 6:4, 6:4
Preisgeld **$ 70 000**

Brighton (England) 21.–27. Oktober

1. Runde: Katrina Adams 7:6, 6:3
2. Runde: Andrea Strnadova 6:2, 6:3
Viertelfinale: Lori McNeil 7:5, 6:2
Halbfinale: Barbara Paulus 7:5, 6:1
Finale: Zina Garrison 5:7, 6:4, 6:1
Preisgeld **$ 70 000**

WTA-Championships (New York) 18.–21. November

1. Runde: Conchita Martinez 6:0, 6:3
Viertelfinale: Jana Novotna 3:6, 6:3, 1:6
Preisgeld **$ 26 000**

1992

Chicago (Illinois) 10.–16. Februar

1. Runde: Freilos
2. Runde: Rika Hiraki 6:0, 6:0
Viertelfinale: Manon Bollegraf 6:2, 6:1
Halbfinale: Jana Novotna 6:0, 3:6, 5:7
Preisgeld **$ 17 500**

Boca Raton (Florida) 2.–8. März

1. Runde: Freilos
2. Runde: Linda Ferrando 6:1, 6:2
3. Runde: Naoko Sawamatsu 6:0, 6:1
Viertelfinale: Zina Garrison 6:0, 5:7, 7:5
Halbfinale: Mary-Joe Fernandez 6:0, 7:5
Finale: Conchita Martinez 3:6, 6:2, 6:0
Preisgeld **$ 110 000**

Key Biscayne (Florida) 9.–22. März

1. Runde: Freilos
2. Runde: Wiltrud Probst 6:3, 6:1
3. Runde: Raffaela Reggi-Concato 6:2, 6:2
4. Runde: Kimiko Date 7:6, 5:7, 6:4
Viertelfinale: Mary-Joe Fernandez 7:6, 6:4
Halbfinale: Gebriela Sabatini 6:3, 6:7, 1:6
Preisgeld **$ 30 000**

Amelia Island (Florida) 6.–12. April

1. Runde: Freilos
2. Runde: Silke Meier 7:5, 6:1
3. Runde: Brenda Schultz 6:2, 6:2
Viertelfinale: Leila Meschki 6:0, 6:2
Halbfinale: Arantxa Sánchez-Vicario 6:7, 6:4, 6:3
Finale: Gabriela Sabatini 2:6, 6:1, 3:6
Preisgeld **$ 28 000**

Hamburg 27. April–3. Mai

1. Runde: Debbie Graham 6:0, 7:6
2. Runde: Magdalena Maleeva 6:2, 6:3
Viertelfinale: Leila Meschki 6:2, 6:2
Halbfinale: Anke Huber 6:3, 6:0
Finale: Arantxa Sánchez-Vicario 7:6, 6:2
Preisgeld **$ 70 000**

German Open (Berlin) 11.–17. Mai

1. Runde: Freilos
2. Runde: Mercedes Paz 6:2, 6:4
3. Runde: Helena Sukova 6:3, 3:6, 6:2
Viertelfinale: Julie Halard 6:1, 6:2
Halbfinale: Jennifer Capriati 2:6, 6:3, 6:4
Finale: Arantxa Sánchez-Vicario 4:6, 7:5, 6:2
Preisgeld **$ 110 000**

French Open 25. Mai–7. Juni

1. Runde: Rene Simpson-Alter 6:3, 6:1
2. Runde: Nathalie Housset 6:2, 6:1
3. Runde: Amanda Coetzer 6:2, 6:1
Achtelfinale: Jana Novotna 6:1, 6:4
Viertelfinale: Natascha Zwerewa 6:3, 6:7, 6:3
Halbfinale: Arantxa Sánchez-Vicario 0:6, 6:2, 6:2
Finale: Monica Seles 2:6, 6:3, 8:10
Preisgeld **$ 186 457**

Wimbledon 22. Juni–5. Juli

1. Runde: Noelle van Lottum 6:1, 6:0
2. Runde: Marianne Werdel 6:1, 6:1

3. Runde: Mariaan de Swardt 5:7, 6:0, 7:5
Achtelfinale: Patty Fendick 4:6, 6:3, 6:2
Viertelfinale: Natascha Zwerewa 6:3, 6:1
Halbfinale: Gabriela Sabatini 6:3, 6:3
Finale: Monica Seles 6:2, 6:1
Preisgeld **$ 421 584**

Olympia (Barcelona) **25. Juli–9. August**
1. Runde: Lupita Novelo 6:1, 6:1
2. Runde: Brenda Schultz 6:1, 6:0
3. Runde: Magdalena Maleeva 6:3, 6:4
Viertelfinale: Sabine Appelmans 6:1, 6:0
Halbfinale: Mary-Joe Fernandez 6:4, 6:2
Finale: Jennifer Capriati 6:3, 3:6, 4:6
Preisgeld **$ 0**

US Open (New York) **31. August–13. September**
1. Runde: Halle Cioffi 6:0, 6:2
2. Runde: Pam Shriver 7:5, 6:3
3. Runde: Nanne Dahlman 6:4, 6:2
Achtelfinale: Florencia Labat 6:2, 6:2
Viertelfinale: Arantxa Sánchez-Vicario 6:7, 3:6
Preisgeld **$ 65 000**

Leipzig **28. September–4. Oktober**
1. Runde: Petra Begerow 6:1, 6:0
2. Runde: Larisa Sawtschenko-Neiland 6:3, 6:3
Viertelfinale: Magdalena Maleeva 6:2, 6:2
Halbfinale: Katerina Maleeva 6:1, 6:1
Finale: Jana Novotna 6:3, 1:6, 6:4
Preisgeld **$ 45 000**

European Indoors (Zürich) **5.–11. Oktober**
1. Runde: Karina Habsudova 7:5, 6:1
2. Runde: Wiltrud Probst 6:0, 6:2
Viertelfinale: Judith Wiesner 7:5, 6:4
Halbfinale: Jana Novotna 6:2, 4:6, 7:6
Finale: Martina Navratilova 2:6, 7:5, 7:5
Preisgeld **$ 70 000**

Brighton (England) **19.–25. Oktober**
1. Runde: Larisa Sawtschenko-Neiland 6:2, 6:3
2. Runde: Andrea Strnadova 6:0, 6:4
Viertelfinale: Lori McNeil 6:0, 6:2
Halbfinale: Anke Huber 7:5, 6:2
Finale: Jana Novotna 4:6, 6:4, 7:6
Preisgeld **$ 70 000**

Philadelphia (Pennsylvania) **9.–15. November**
1. Runde: Freilos
2. Runde: Elena Brioukhowets 6:0, 6:1
Viertelfinale: Conchita Martinez 6:1, 6:1
Halbfinale: Jennifer Capriati 6:0, 6:1
Finale: Arantxa Sánchez-Vicario 6:3, 3:6, 6:1
Preisgeld **$ 70 000**

WTA-Chamopionships (New York)
10.–16. Februar
1. Runde: Lori McNeil 6:7, 4:6
Preisgeld **$ 14 000**

1993

Australian Open (Melbourne) **18.–31. Januar**
1. Runde: Nathalie Herreman 6:2, 6:1
2. Runde: Jennifer Santrock 6:1, 6:1
3.Runde: Claudia Porwik 6:1 (Aufgabe Porwik)
Achtelfinale: Magdalena Maleeva 6:3, 6:3
Viertelfinale: Jennifer Capriati 7:5, 6:2
Halbfinale: Arantxa Sánchez-Vicario 7:5, 6:4
Finale: Monica Seles 6:4, 3:6, 2:6
Preisgeld **$ 157 850**

Pan Pacific (Tokio) **1.–7. Februar**
1. Runde: Kimiko Date 6:1, 7:5
2. Runde: Natascha Zwerewa 6:2, 6:0
Viertelfinale: Yone Kamio 6:1, 6:2
Halbfinale: Martina Navratilova 6:4, 3:6, 3:6
Preisgeld **$ 33 750**

Delray Beach (Florida) **1.–7. März**
1. Runde: Freilos
2. Runde: Yayuk Basuki 6:2, 6:1
3. Runde: Eva Majoli 6:2, 6:2
Viertelfinale: Zina Garrison Jackson 6:1, 6:7, 6:4
Halbfinale: Anke Huber 6:1, 6:1
Finale: Arantxa Sánchez-Vicario 6:4, 6:3
Preisgeld **$ 75 000**

Key Biscayne (Florida) **8.–21. März**
1. Runde: Freilos
2. Runde: Chanda Rubin 6:2, 6:1
3. Runde: Nicole Arendt 6:1, 6:0
4. Runde: Patty Fendick 6:1, 6:4
Viertelfinale: Nathalie Tauziat 6:1, 6:0
Halbfinale: Gabriela Sabatini 6:0, 6:2
Finale: Arantxa Sánchez-Vicario 4:6, 6:3, 3:6
Preisgeld **$ 67 500**

Hilton Head (South Carolina) **29. März–4. April**
1. Runde: Freilos
2. Runde: Frederica Bonsignori 6:4, 6:4
3. Runde: Silke Frankl 6:1, 6:3
Viertelfinale: Chanda Rubin 6:1, 6:2
Halbfinale:Gabriela Sabatini 6:0, 7:6
Finale: Arantxa Sánchez-Vicario 7:6, 6:1
Preisgeld **$ 150 000**

Hamburg **26. April–2. Mai**
1. Runde: Judith Wiesner 6:2, 7:5
2. Runde: Leila Meschki 6:1, 6:2
Viertelfinale: Katerina Maleeva 6:3, 6:1
Halbfinale: Jana Novotna 6:3, 3:6, 6:1
Finale: Arantxa Sánchez-Vicario 3:6, 3:6
Preisgeld **$ 33 750**

German Open (Berlin) **10.–16. Mai**
1. Runde: Freilos
2. Runde: Florencia Labat 6:0, 6:2
3. Runde: Sabine Hack 0:6, 6:3, 6:2
Viertelfinale: Magdalena Maleeva 6:2, 6:3
Halbfinale: Mary Joe Fernandez 4:6, 6:4, 6:3
Finale: Gabriela Sabatini 7:6, 2:6, 6:4
Preisgeld **$ 150 000**

French Open **24. Mai–6. Juni**
1. Runde: Cecilia Dahlmann 7:6, 6:1
2. Runde: Andrea Strnadova 6:1, 6:1
3. Runde: Laura Gildemeister 6:2, 6:2
Achtelfinale: Iva Majoli 6:4, 7:6
Viertelfinale: Jennifer Capriati 6:3, 7:5
Halbfinale: Anke Huber 6:1, 6:1
Finale: Mary Joe Fernandez 4:6, 6:2, 6:4
Preisgeld **$ 529 412**

Wimbledon **21. Juni–4. Juli**
1. Runde: Kirrily Sharpe 6:0, 6:0
2. Runde: Clare Wood 6:2, 6:1
3. Runde: Helen Kelesi 6:0, 6:0
Achtelfinale: Meredith McGrath 6:1, 6:4
Viertelfinale: Jennifer Capriati 7:6, 6:1
Halbfinale: Conchita Martinez 7:6, 6:3
Finale: Jana Novotna 7:6, 1:6, 6:4
Preisgeld **$ 459 250**

San Diego (Kalifornien) **2.–8. August**
1. Runde: Freilos
2. Runde: Karine Quentrec 6:3, 6:2
3. Runde: Sandrine Testud 7:5, 6:1
Viertelfinale: Mary Pierce 6:3, 6:4
Halbfinale: Conchita Martinez 7:5, 6:2
Finale: Arantxa Sánchez-Vicario 6:4, 4:6, 6:1
Preisgeld **$ 75 000**

Canadian Open (Toronto) **16.–22. August**
1. Runde: Freilos
2. Runde: Ros Nideffer 7:5, 6:3
3. Runde: Naoko Sawamatsu 6:1, 6:2
Viertelfinale: Nathalie Tauziat 6:2, 7:5
Halbfinale: Manuela Maleeva-Fragniere 6:2, 6:1
Finale: Jennifer Capriati 6:1, 0:6, 6:3
Preisgeld **$ 150 000**

US Open (New York) **30. August- 12. September**
1. Runde: Robin White 6:3, 6:0
2. Runde: Meredith McGrath 6:3, 6:1
3. Runde: Judith Wiesner kampflos
Achtelfinale: Mary Pierce 6:1, 6:0
Viertelfinale: Gabriela Sabatini 6:2, 5:7, 6:1
Halbfinale: Manuela Maleeva-Fragniere 4:6, 6:1, 6:0
Finale: Helena Sukova 6:3, 6:3
Preisgeld **$ 535 000**

Leipzig **27. September–3. Oktober**
1. Runde: Syna Schmidle 6:1, 6:0
2. Runde: Nicole Muns-Jagerman 6:1, 6:1
Viertelfinale: Natascha Zwerewa 6:2, 6:1
Halbfinale: Judith Wiesner 6:7, 6:2, 6:3
Finale: Jana Novotna 6:2, 6:0
Preisgeld **$ 75 000**

Philadelphia (Pennsylvania) **8.–14. November**
1. Runde: Debbie Graham 6:2, 6:0
2. Runde: Pam Shriver 6:1, 6:3
Viertelfinale: Amanda Coetzer 6:4, 6:1
Halbfinale: Kimberly Po 6:3, 6:1
Finale: Conchita Martinez 3:6, 3:6
Preisgeld **$ 67 500**

WTA-Championships (New York)
15.–21. November
1. Runde: Natascha Zwerewa 6:2, 6:4
Viertelfinale: Amanda Coetzer 6:1, 6:2
Halbfinale: Anke Huber 6:2, 3:6, 6:3
Finale: Arantxa Sánchez-Vicario 6:1, 6:4, 3:6, 6:1
Preisgeld **$ 250 000**

1994

Australien Open (Melbourne) 17.–30. Januar
1. Runde: Kimberly Po 6:1, 2:0 (Aufgabe Po)
2. Runde: Nicole Provis 6:1, 6:4
3. Runde: Barbara Rittner 6:2, 6:4
Achtelfinale: Sandrine Testud 6:1, 6:2
Viertelfinale: Lindsay Davenport 6:3, 6:2
Halbfinale: Kimiko Date 6:3, 6:3
Finale: Arantxa Sánchez-Vicario 6:0, 6:2
Preisgeld $ 309 833

Pan Pacifik (Tokio) 31. Januar–6. Februar
1. Runde: Iva Majoli 6:1, 6:0
2. Runde: Clare Wood 6:3, 6:4
Viertelfinale: Jana Nejedly 6:1, 6:1
Halbfinale: Kristie Boogert 6:2, 6:2
Finale: Martina Navratilova 6:2, 6:4
Preisgeld $ 150 000

Indian Wells (Kalifornien) 21.–27. Februar
1. Runde: Gigi Fernandez 6:1, 6:2
2. Runde: Marinanne Werdel 6:0, 6:0
3. Runde: Elena Lihkowtschewa 6:2, 6:4
Viertelfinale: Ginger Helgeson 6:1, 6:3
Halbfinale: Iva Majoli 6:4, 6:1
Finale: Amanda Coetzer 6:0, 6:4
Preisgeld $ 80 000

Delray Beach (Florida) 28. Februar–6. MÄrz
1. Runde: Freilos
2. Runde: Marianne Werdel 6:0, 7:5
Viertelfinale: Sabine Hack 6:2, 6:1
Halbfinale: Helena Sukova 7:5, 6:4
Finale: Arantxa Sánchez-Vicario 6:3, 7:5
Preisgeld $80 000

Miami (Florida) 14.–20. März
1. Runde: Freilos
2. Runde: Beverly Bowes-Hackney 6:1, 6:0
3. Runde: Ginger Helgeson 6:2, 6:1
4. Runde: Amy Frazier 6:3, 6:0
Viertelfinale: Kimiko Date 6:1, 6:1
Halbfinale: Lindsay Davenport 6:0, 7:6
Finale: Natascha Zwerewa 4:6, 6:1, 6:2
Preisgeld $ 150 000

Hamburg 25. April–1. Mai
1. Runde: Silke Frankl 6:0, 6:0
2. Runde: Linda Ferrando 6:1, 6:1
Viertelfinale: Magdalena Maleeva 7:5, 3:6, 6:0
Halbfinale: Jana Novotna 6:3, 6:3
Finale: Arantxa Sánchez-Vicario 6:4, 6:7, 6:7
Preisgeld $ 36 000

German Open (Berlin) 9.–15. Mai
1. Runde: Freilos
2. Runde: Karin Kschwendt 7:6, 6:2
3. Runde: Ginger Helgeson 6:2, 6:2
Viertelfinale: Julie Halard 6:3, 4:6, 7:5
Halbfinale: Jana Novotna 6:2, 6:3
Finale: Brenda Schultz 7:6, 6:4
Preisgeld $ 150 000

French Open 23. Mai–5. Juni
1. Runde: Katarina Studenikova 6:3, 6:2
2. Runde: Stephanie Rottier 7:5, 6:3
3. Runde: Joanette Kruger 6:0, 4:6, 6:2
Achtelfinale: Irina Spirlea 6:0, 6:1
Viertelfinale: Ines Gorrochategui 6:4, 6:1
Halbfinale: Mary Pierce 2:6, 2:6
Preisgeld $ 110 818

Wimbledon 20. Juni–3. Juli
1. Runde: Lori McNeil 5:7, 6:7
Preisgeld $ 5314

San Diego (Kalifornien) 2.–8. August
1. Runde: Freilos
2. Runde: Alexia Dechaume-Ballere 6:0, 6:1
3. Runde: Lisa Raymond 6:7, 6:2, 6:2
Viertelfinale: Julie Halard 6:4, 6:7, 6:0
Halbfinale: Tami Whitlinger-Jones 6:3, 6:4
Finale: Arantxa Sánchez-Vicario 6:2, 6:1
Preisgeld $ 80 000

Canadian Open (Montreal) 15.–21. August
1. Runde: Freilos
2. Runde: Sandra Cacic 6:2, 6:2
3. Runde: Naoko Sawamatsu 6:1, 2:6, 6:2
Viertelfinale: Gabriela Sabatini 7:5, 6:0
Halbfinale: Mary Pierce 6:3, 6:4
Finale: Arantxa Sánchez-Vicario 5:7, 6:1, 6:7
Preisgeld $ 60 000

US Open (New York) 29. August–11. September
1. Runde: Anne Mall 6:2, 6:1
2. Runde: Sandra Cacic 6:0, 6:2
3. Runde: Radka Bobkova 6:2, 6:3
Achtelfinale: Zina Garrison-Jackson 6:1, 6:2
Viertelfinale: Amanda Coetzer 6:0, 6:2
Halbfinale: Jana Novotna 6:3, 7:5
Finale: Arantxa Sánchez-Vicario 6:1, 6:7, 4:6
Preisgeld $ 243 705

WTA-Championships (New York) 14.–20. November
Achtelfinale: Brenda Schultz 7:5, 6:3
Viertelfinale: 4:6, 4:6
Preisgeld $ 26 000

1995

Paris (Frankreich) 13.–19. Februar
1. Runde: Freilos
2. Runde: Elena Makarova 6:2, 6:1
Viertelfinale: Martina Hingis 6:2, 6:3
Halbfinale: Jana Novotna 6:2, 6:3
Finale: Mary Pierce 6:2, 6:2
Preisgeld $ 79 000

Delray Beach (Florida) 6.–12. März
1. Runde: Freilos
2. Runde: Antonia Sánchez-Lorenzo 6:1, 6:4
3. Runde: Nicole Bradtke 6:4, 6:1
Viertelfinale: Barbara Rittner kampflos
Halbfinale: Anke Huber 6:4, 6:4
Finale: Conchita Martinez 6:2, 6:4
Preisgeld $ 79 000

Key Biscayne (Florida) 13.–26. März
1. Runde: Freilos
2. Runde: Ginger Helgeson-Nielsen 6:2, 6:3
3. Runde: Maureen Drake 6:1, 6:2
4. Runde: Judith Wiesner 6:0, 6:1
Viertelfinale: Natascha Zwerewa 6:4, 7:6
Halbfinale: Jana Novotna 6:2, 7:5
Finale: Kimiko Date 6:1, 6:4
Preisgeld $ 205 000

Houston (Texas) 10.–16. April
1. Runde: Freilos
2. Runde: Marisa Strandlund 6:2, 6:1
Viertelfinale: Tami Whitlinger-Jones 6:2, 6:1
Halbfinale: Sabine Hack 6:2, 6:2
Finale: Asa Carlsson 6:1, 6:1
Preisgeld $ 79 000

French Open 29. Mai–11. Juni
1. Runde: Ines Gorrochategui 6:1, 7:5
2. Runde: Petra Begerow 6:4, 6:3
3. Runde: Nathalie Baudone 6:2, 6:1
Achtelfinale: Anke Huber 6:4, 7:5
Viertelfinale: Gabriela Sabatini 6:1, 6:0
Halbfinale: Conchita Marinez 6:3, 6:7, 6:3
Finale: Arantxa Sánchez-Vicario 7:5, 4:6, 6:0
Preisgeld $ 503 740

Wimbledon 26. Juni–9. Juli
1. Runde: Martina Hingis 6:3, 6:1
2. Runde: Amanda Coetzer 6:3, 7:5
3. Runde: Kristie Boogert 6:1, 6:0
Achtelfinale: Ines Gorrochategui 6:0, 6:1
Viertelfinale: Mary Joe Fernandez 6:3. 6:0
Halbfinale: Jana Novotna 5:7, 6:4, 6:2
Finale: Arantxa Sánchez-Vicario 4:6, 6:1, 7:5
Preisgeld $ 442 615

Canadian Open (Toronto) 14.–20. August
1. Runde: Freilos
2. Runde: Amanda Coetzer 6:3, 2:6, 6:7
Preisgeld $ 2175

US Open (New York) 28. August–10. September
1. Runde: Amanda Coetzer 6:7, 6:1, 6:4
2. Runde: Rita Grande 6:1, 6:3
3. Runde: Nathalie Tauziat 6:3, 6:3
Achtelfinale: Chanda Rubin 6:2, 6:2
Viertelfinale: Amy Frazier 6:2, 6:3
Halbfinale: Gabriela Sabatini 6:4, 7:6
Finale: Monica Seles 7:6, 0:6, 6:3
Preisgeld $ 497 020

Brighton (England) 16.–22. Oktober
1. Runde: Freilos
2. Runde: Mariaan de Swardt 2:6, 6:4, 1:6
Preisgeld $ 2570

Philadelphia (Pennsylvania) 6.–12. November
1. Runde: Freilos
2. Runde: Amy Frazier 2:6, 6:4, 6:2
Viertelfinale: Meredith McGrath 6:3, 6:2
Halbfinale: Zina Garrison-Jackson 6:1, 6:3
Finale: Lori McNeil 6:1, 4:6, 6:3
Preisgeld $ 148 500

WTA-Championships (New York) 13.–19. November

Achtelfinale: Amanda Coetzer	6:2, 6:2
Viertelfinale: Mary Joe Fernandez	6:3, 6:4
Halbfinale: Natascha Zwerewa	6:4, 6:3
Finale: Anke Huber	6:1, 2:6, 6:1, 4:6, 6:3
Preisgeld	**$ 500 000**

1996

Indian Wells (Kalifornien) 11.–17. März

1. Runde:	Freilos
2. Runde: Kristina Triska	6:0, 6:1
3. Runde: Julie Halard-Deguis	6:3, 7:5
Viertelfinale: Amanda Coetzer	6:4, 6:1
Halbfinale: Lindsay Davenport	6:7, 7:6, 6:4
Finale: Conchita Martinez	7:6, 7:6
Preisgeld	**$ 100 000**

Key Biscayne (Florida) 18.–31. März

1. Runde:	Freilos
2. Runde: Sandra Cacic	6:1, 7:5
3. Runde: Gigi Fernandez	6:3, 6:2
4. Runde: Mary Joe Fernandez	6:1, 6:0
Viertelfinale: Kimiko Date	7:6, 6:3
Halbfinale: Lindsay Davenport	6:4, 6:4
Finale: Chanda Rubin	6:1, 6:3
Preisgeld	**$ 210 000**

Italian Open (Rom) 6.–12. Mai

1. Runde:	Freilos
2. Runde: Alexia Dechaume- Balleret	6:3, 7:6
3. Runde: Paola Suarez	6:2, 6:4
Viertelfinale: Martina Hingis	6:2, 2:6, 3:6
Preisgeld	**$ 14 675**

German Open (Berlin) 13.–19. Mai

1. Runde:	Freilos
2. Runde: Tami Whitlinger-Jones	6:1, 6:2
3. Runde: Yayuk Basuki	6:2, 6:1
Viertelfinale: Nathalie Tauziat	6:1, 7:5
Halbfinale: Iva Majoli	7:5, 6:1
Finale: Karina Habsudova	4:6, 6:2, 7:5
Preisgeld	**$ 150 000**

French Open 27. Mai–9. Juni

1. Runde: Larisa Neiland	6:3, 6:2
2. Runde: Nicole Bradtke	6:2, 6:2
3. Runde: Petra Langrova	6:0, 1:0 (Aufgabe Langrova)
Achtelfinale: Mary Joe Fernandez	6:1, 7:6
Viertelfinale: Iva Majoli	6:3, 6:1
Halbfinale: Conchita Martinez	6:3, 6:1
Finale: Arantxa Sánchez-Vicario	6:3, 6:7, 10:8
Preisgeld	**$ 586 898**

Wimbledon 24. Juni–7. Juli

1. Runde: Ludmilla Richterova	6:4, 6:2
2. Runde: Nathalie Baudone	7:5, 6:3
3. Runde: Nicole Arent	6:2, 6:1
Achtelfinale: Martina Hingis	6:1, 6:4
Viertelfinale: Jana Novotna	6:3, 6:2
Halbfinale: Kimiko Date	6:2, 2:6, 6:3
Finale: Arantxa Sánchez-Vicario	6:3, 7:5
Preisgeld	**$ 493 480**

Los Angeles (Kalifornien) 12.–18. August

1. Runde:	Freilos
2. Runde: Katrina Adams	6:4, 6:2
3. Runde: Venus Williams	6:4, 6:4
Viertelfinale: Amy Frazier	6:3, 6:2
Halbfinale: Lindsay Davenport	3:6, 3:6
Preisgeld	**$ 16 100**

US Open (New York) 26. August–8. September

1. Runde: Yayuk Basuki	6:3, 7:6
2. Runde: Karin Kschwendt	6:2, 6:1
3. Runde: Natascha Zwerewa	6:4, 6:2
Achtelfinale: Anna Kournikova	6:2, 6:1
Viertelfinale: Judith Wiesner	7:5, 6:3
Halbfinale: Martina Hingis	7:5, 6:3
Finale: Monica Seles	7:5, 6:4
Preisgeld	**$ 539 000**

Leipzig 30. September–6. Oktober

1. Runde:	Freilos
2. Runde: Kimberly Po	6:0, 6:1
Viertelfinale: Judith Wiesner	1:6, 6:3, 6:2
Halbfinale: Anke Huber	Graf nicht angetreten
Preisgeld	**$ 14 625**

Philadelphia (Pennsylvania) 10.–17. November

1. Runde:	Freilos
2. Runde: Amy Frazier	6:2, 6:1
Viertelfinale: Chanda Rubin	6:0, 6:3
Halbfinale: Marianne Werdel Witmeyer	6:2, 7:5
Finale: Jana Novotna	4:6 (Aufgabe Graf)
Preisgeld	**$ 38 500**

WTA-Championships (New York) 18.–24. November

1. Runde: Karina Habsudova	6:1, 6:4
Viertelfinale: Lindsay Davenport	6:4, 7:6
Halbfinale: Jana Novotna	4:6, 6:4, 6:3
Finale: Martina Hingis	6:3, 4:6, 6:0, 4:6, 6:0
Preisgeld	**$ 500 000**

1997

Australian Open (Melbourne) 13.–26. Januar

1. Runde: Janette Husarowa	5:1 (Aufgabe Husarowa)
2. Runde: Larisa Neiland	7:5, 6:2
3. Runde: Ines Gorrochategui	7:5, 6:3
Achtelfinale: Amanda Coetzer	2:6, 5:7
Preisgeld	**$ 29 226**

Pan Pacific (Tokio) 27. Januar–2. Februar

1. Runde:	Freilos
2. Runde: Lisa Raymond	6:3, 6:2
Viertelfinale: Iva Majoli	6:2, 6:3
Halbfinale: Brenda Schultz-McCarthy	6:1, 7:5
Finale: Martina Hingis	Graf nicht angetreten
Preisgeld	**$ 50 625**

German Open (Berlin) 12.–18. Mai

1. Runde:	Freilos
2. Runde: Chanda Rubin	6:3, 3:6, 6:1
3. Runde: Ruxandra Dragomir	6:2, 6:3
Viertelfinale: Amanda Coetzer	0:6, 1:6
Preisgeld	**$ 14 670**

Straßburg (Frankreich) 19.–24. Mai

1. Runde:	Freilos
2. Runde: Patricia Hy-Boulais	6:3, 6:2
Viertelfinale: Sandrine Testud	3:6, 6:2, 6:3
Halbfinale: Amanda Coetzer	4:6, 7:5, 7:6
Finale: Mirjana Lucic	6:2, 7:5
Preisgeld	**$ 26 000**

French Open 26. Mai–8. Juni

1. Runde: Paola Suarez	6:1, 6:4
2. Runde: Amelie Mauresmo	6:3, 6:3
3. Runde: Maria Luise Serna	7:6, 6:1
Achtelfinale: Irena Spirlea	6:7, 6:2, 6:2
Viertelfinale: Amanda Coetzer	1:6, 4:6
Preisgeld	**$ 81 700**

1998

Hannover 22.–28. Februar

1. Runde:	Freilos
2. Runde: Andrea Glass	6:4, 6:2
Viertelfinale: Sabine Appelmans	3:6, 6:7
Preisgeld	**$ 9 400**

Indian Wells 15.–21. März

1. Runde:	Freilos
2. Runde: Tamarine Tanasugarn	6:4, 6:1
Achtelfinale: Ai Sugiyama	6:0, 6:1
Viertelfinale: Natasha Zvereva	6:3, 6:0
Halbfinale: Lindsay Davenport	4:6, 6:4, 2:4 (Aufgabe Graf)
Preisgeld	**$ 41 750**

Birmingham 14.–21. Juni

1. Runde:	Freilos
2. Runde: Rennae Stubbs	5:7, 6:2, 6:4
3. Runde: Kristie Boogert	6:2, 6:3
Viertelfinale: Magui Serna	6:4, 6:4
Halbfinale: Nathalie Tauziat	(Graf nicht angetreten)
Preisgeld	**$ 6 600**

Eastbourne 21.–27. Juni

1. Runde:	Freilos
2. Runde: Samantha Smith	6:1, 6:2
Viertelfinale: Anna Kournikova	7:6, 3:6, 4:6
Preisgeld	**$ 9 400**

Wimbledon 5.–18. Juli

1. Runde: Gala Leon Garcia	6:4, 6:1
2. Runde: Henrieta Nagyova	6:0, 6:4
3. Runde: Natasha Zvereva	4:6, 5:7
Preisgeld	**$ 22 422**

Stanford 2.–8. August

1. Runde: Bye, Bye	
2. Runde: Mary Joe Fernandez	6:4, 6:0
Viertelfinale: Natasha Zvereva	6:1, 6:3
Halbfinale: Lindsay Davenport	4:6, 7:6, 3:6
Preisgeld	**$ 17 850**

San Diego 9.–15. August

1. Runde: Julie Halard-Decugis	6:2, 6:2
2. Runde: Ai Sugiyama	4:6, 6:1, 5:7
Preisgeld	**$ 4 950**

Du Maurier Open 23.–29. August

1. Runde:	Freilos
2. Runde: Virginia Ruano Pascual	6:0, 6:1
3. Runde: Magui Serna	4:6, 4:6
Preisgeld	**$ 7 550**

New Haven 30. August–5. September

1. Runde:	Freilos
2. Runde: Henrieta Nagyova	6:1, 6:3
Viertelfinale: Amanda Coetzer	6:3, 6:0
Halbfinale: Lindsay Davenport	6:3, 7:6
Finale: Jana Novotna	6:4, 6:1
Preisgeld	**$ 79 000**

US Open 13.–26. September

1. Runde: Corina Morariu	6:2, 3:6, 6:1
2. Runde: Marlene Weingärtner	6:0, 6:1
3. Runde: Mirjana Lucic	6:1, 6:1
Achtelfinale: Patty Schnyder	3:6, 4:6
Preisgeld	**$ 50 000**

Leipzig 8.–14. November

1. Runde: Ruxandra Dragomir	6:3, 6:3
2. Runde: Ai Sugiyama	6:4, 6:3
Viertelfinale: Anne-Gaelle Sidot	7:5, 6:3
Halbfinale: Dominique Van Roost	6:1, 3:6, 6:0
Finale: Nathalie Tauziat	6:3, 6:4
Preisgeld	**$ 79 000**

Philadelphia 15.–21. November

1. Runde: Mary Joe Fernandez	6:3, 7:6
2. Runde: Elena Likhovtseva	6:7, 6:2, 6:4
Viertelfinale: Martina Hingis	6:2, 4:6, 6:0
Halbfinale: Nathalie Tauziat	6:1, 6:4
Finale: Lindsay Davenport	4:6, 6:3, 6:4
Preisgeld	**$ 79 000**

WTA-Championships (New York) 22.–28. November

Achtelfinale: Jana Novotna	6:7, 6:4, 6:1
Viertelfinale: Monica Seles	1:6, 6:4, 6:4
Halbfinale: Lindsay Davenport	1:6, 6:2, 3:6
Preisgeld	**$ 125 000**

1999

Sydney 17.–23. Januar

1. Runde: Ai Sugiyama	6:0, 6:4
2. Runde: Serena Williams	6:2, 3:6, 7:5
Viertelfinale: Venus Williams	4:6, 6:2, 6:4
Halbfinale: Lindsay Davenport	2:6, 5:7
Preisgeld	**$ 16 000**

Australian Open 31. Januar–12. Februar

1. Runde: Paola Suarez	6:0, 6:3
2. Runde: Barbara Schwartz	4:6, 6:1, 6:2
3. Runde: Mary Joe Fernandez	4:6, 6:3, 6:4
Achtelfinale: Barbara Schett	6:1, 6:1
Viertelfinale: Monica Seles	5:7, 1:6
Preisgeld	**$ 47 402**

Pan Pacific 7.–13. Februar

1. Runde: Samantha Reeves	6:0, 6:1
2. Runde: Elena Likhovtseva	4:6, 7:6, 6:2
Viertelfinale: Martina Hingis	6:3, 2:6, 4:6
Preisgeld	**$ 18 500**

Hannover 21.–27. Februar

1. Runde:	Freilos
2. Runde: Anne-Gaelle Sidot	6:1, 6:3
Viertelfinale: Barbara Schett	6:3, 6:2
Halbfinale: Venus Williams	3:6, 6:3, 3:6
Preisgeld	**$ 20 000**

Indidan Wells 14.–21. März

1. Runde:	Freilos
2. Runde: Kveta Hrdlickova	6:1, 6:2
3. Runde: Ai Sugiyama	6:0, 6:1
Viertelfinale: Jana Novotna	6:2, 6:0
Halbfinale: Chanda Rubin	2:6, 6:4, 6:2
Finale: Serena Williams	3:6, 6:3, 5:7
Preisgeld	**$ 95 000**

Lipton 28. März–3. April

1. Runde:	Freilos
2. Runde: Jennifer Capriati	6:0, 6:1
3. Runde: Henrieta Nagyova	6:1, 6:3
4. Runde: Natasha Zwerewa	6:2, 6:4
Viertelfinale: Lindsay Davenport	kampflos
Halbfinale: Venus Williams	2:6, 1:6
Preisgeld	**$ 66 000**

German Open 16.–22. Mai

1. Runde:	Freilos
2. Runde: Sandra Nacuk	2:6, 6:3, 6:4
3. Runde: Cara Black	7:6, 6:2
Viertelfinale: Julie Halard-Decugis	7:5, 4:6, 4:6
Preisgeld	**$ 16 000**

French Open 6.–19. Juni

1. Runde: Magdalena Maleeva	6:2, 6:0
2. Runde: Ines Gorrochategui	6:2, 6:4
3. Runde: Asa Carlsson	6:1, 6:4
Achtelfinale: Anna Kournikova	6:3, 7:6
Viertelfinale: Lindsay Davenport	6:1, 6:7, 6:3
Halbfinale: Monica Seles	6:7, 6:3, 6:4
Finale: Martina Hingis	4:6, 7:5, 6:2
Preisgeld	**$ 574 081**

Wimbledon 4.–17. Juli

1. Runde: Ludmila Cervanova	6:1, 6:4
2. Runde: Mariaan De Swardt	4:6, 6:3, 6:2
3. Runde: Corina Morariu	6:1, 6:3
Achtelfinale: Kim Clijsters	6:2, 6:2
Viertelfinale: Venus Williams	6:2, 3:6, 6:4
Halbfinale: Mirjana Lucic	6:7, 6:4, 6:4
Finale: Lindsay Davenport	4:6, 5:7
Preisgeld	**$ 307 106**

San Diego 8.–14. August

1. Runde:	Freilos
2. Runde: Amy Frazier	6:4, 5:7, 1:2 (Aufgabe Graf)
Preisgeld	**$ 3 700**

Gesamtpreisgeld	**$ 21 741 565**

Die Autoren:

Rolf Helmuth Hauschild, Hamburg, Jahrgang 1957, arbeitet als stellvertretender Sportchef bei der BILD-Zeitung. Er hat die Karriere von Steffi Graf für BILD und Sport-BILD von 1982 bis 1999 publizistisch begleitet.

Hansjörg Falz, Hamburg, Jahrgang 1961, ist Ressortchef bei Sport-BILD. Er hat regelmäßig über die Sportlerin Steffi Graf und ihre Erfolge für Sport-BILD, Welt am Sonntag und Sports berichtet.

Paul Zimmer, Stuttgart, Jahrgang 1958, arbeitet als freiberuflicher Sportfotograf. Er hat Steffi Graf auf dem Tennisplatz und für Werbeaufnahmen fotografiert. Paul Zimmer zählt zudem zu ihrem persönlichen Freundeskreis.

Lektorat:
Esam Abou El Magd, Julia Niehaus
Umschlaggestaltung:
Volkmar Schwengle/Buch und Werbung, Berlin

Satz und Repro:
Weissenberger Gmbh & Co KG, Hamburg
LVD GmbH, Berlin
Druck und Verarbeitung:
Westermann Druck Zwickau
Printed in Germany 1999
ISBN 3-328 -00867-5

Gedruckt auf alterungsbeständigem Papier mit chlorfrei gebleichtem Zellstoff

Bildnachweis:
action press: 27 (oben), 76, 92 (unten li.), 94; Bergmann: 30 (unten); Bongarts: 84/85, 92 (oben); Bucco: 25 (oben); dpa: Vorsatz, 0/1, 2/3, 4, 6 (2), 7, 20/21, 22/23, 30 (oben), 34 (unten), 35, 57, 58 bis 61, 64 (2), 65, 68 (5), 69, 89 (oben), 90, 91, 93, 98, 102, 103 (2), 106, 107, 108 (oben), 109, 110 (2), 111 (2), 113, 116; Exler: 31; Harder: 24, 74 (unten); Hardt: 10/11, 14/15, 71, 73, 82 (unten), 95 (oben); Kersin: 75 (2); Moenkebild: 27 (3, unten); Paul Zimmer: 8, 9, 12/13, 16/17, 18, 19, 26, 27(2), 28, 29, 32, 33, 34 (oben), 36 bis 45, 46 (4), 47, 48 (2), 49, 51 (2), 52 (2), 53 (2), 54 (2), 56, 62, 63, 66 (3), 67, 70, 72 (oben), 74 (oben), 77, 78, 79, 80/81, 81, 82 (oben), 83, 86/87, 88, 89 (unten), 92 (unten re.), 95 (unten), 96 (oben), 97, 99, 100, 101, 104, 105, 108 (unten), 114, 115, 129; Perenyi: 46 (2. v. re.); reuters: Nachsatz; Rzepka: 72 (unten); Sven Simon: 50, 55; Werek: 25 (unten); Witters: 96 (unten)

Der Verlag hat sich bemüht, alle Rechteinhaber zu ermitteln. Sollten dennoch berechtigte Ansprüche bestehen, so werden die betroffenen Personen gebeten, sich an den Verlag zu wenden.

Von links: Mary Pierce, Steffi Graf,
Nathalie Tauziat und Anna Kournikova